AF293939

Joh. W. Matutis

Brennpunkt

Joh. W. Matutis

Brennpunkt

Die Nationen China, Syrien und Deutschland
Forum 1

Fromm Verlag

Imprint
Any brand names and product names mentioned in this book are subject to trademark, brand or patent protection and are trademarks or registered trademarks of their respective holders. The use of brand names, product names, common names, trade names, product descriptions etc. even without a particular marking in this work is in no way to be construed to mean that such names may be regarded as unrestricted in respect of trademark and brand protection legislation and could thus be used by anyone.

Cover image: Vom Autor bereitgestellt

Publisher:
Fromm Verlag
is a trademark of
Dodo Books Indian Ocean Ltd. and OmniScriptum S.R.L publishing group

120 High Road, East Finchley, London, N2 9ED, United Kingdom
Str. Armeneasca 28/1, office 1, Chisinau MD-2012, Republic of Moldova, Europe
Printed at: see last page
ISBN: 978-613-8-37873-0

Joh. W. Matutis

Brennpunkt

Die Nationen China, Syrien und Deutschland

PREDIGTSAMMLUNG

Band 3

Fromm Verlag

INHALTSVERZEICHNIS

EINLEITUNG

für die Verwendung des Materials der Predigtsammlung

Zum Studium

Ich empfehle, die angegebenen Schriftstellen nachzuschlagen und nachzulesen, um sich so gründlich in die Materie einzuarbeiten und zu vertiefen. Das Buch besteht aus drei Teilen und ist nicht in chronologischer Abfolge verfasst.

Die dem Wort Gottes entnommenen Schriftstellen sind fett markiert und unterstrichen dargestellt. Schriftstellen, die nicht fett markiert, aber unterstrichen dargestellt sind, wurden zwar nicht gepredigt, aber der Vollständigkeit halber hinzugefügt.

Kursiv dargestellte Texte sind Zitate, die entweder auf das Wort Gottes zurückzuführen sind, oder Liedtexten, Sinnsprüchen bzw. Lebensweisheiten entnommen wurden. Dasselbe gilt für die in Klammer aufgeführten Bemerkungen, insbesondere für die Predigthinweise.

Dieses Material ist urheberrechtlich geschützt. Verwendung, Vervielfältigung o. Ä. ist deswegen nur mit Erlaubnis des Urhebers möglich. Zu diesem Zweck senden Sie mir bitte eine kurze Mitteilung an die folgende E-Mail-Adresse: pastor@matutis.de.

Wenn Ihnen der Inhalt gefallen hat, empfehlen Sie bitte dieses Buch an Ihre Freunde und Bekannten weiter und helfen Sie mit, das Evangelium zu verbreiten. Vielen Dank!

Und nun wünsche ich Ihnen viel Freude und geistlichen Gewinn beim Lesen dieser Lektüre.

Ihr Joh. W. Matutis

www.nnk-berlin.de

Teil 1

Predigt von Pastor Joh.W.Matutis

„China und die biblische Prophetie"

China und die biblische Prophetie

Wir wollen aus dem Wort Gottes lernen! Es werden prophetische und politische Themen angesprochen. Politik und Prophetie sind eins; sie gehören zusammen. Politik beeinflusst unser Leben mehr als wir denken durch Vorschriften, Gesetze, Verordnungen usw. Der prophetische Bezug ist, dass wir dabei das Wort Gottes beachten, das uns beim Überlebenskampf unterstützt. Das Wort des Herrn, welches gemäß der Überlieferung aus der Heiligen Schrift offenbar wurde und nachfolgend niedergeschrieben ist, lautet: **<u>Siehe, ich sende euch wie Schafe mitten unter die Wölfe. Darum seid klug wie die Schlangen und ohne Falsch wie die Tauben (Mt 10,16).</u>**

Nun zu meinem heutigen Thema: Die Chinesen kommen! Keine Angst! Das sind nicht die Flüchtlinge, sondern Touristen und Geschäftsleute wie Bänker, Unternehmer und dergleichen. Die Chinesen bevölkern diesen Planeten. Jede dritte Person ist ein Chinese. Die Chinesen haben, vom Herrn aus betrachtet, einen ganz bestimmten Auftrag, wie übrigens auch jedes andere Volk. Israel, Deutschland und alle Nationen haben einen Auftrag. Und so auch wir: ich verkündige das Evangelium. Hier ist mein Aufnahmestudio. In dieser Räumlichkeit werden die Predigten aufgenommen, ausgestrahlt und vernommen. Dem Herrn gebühren Ehre, Lob und Dank, dass wir uns die Technik von heute nutzbar machen können, um Predigten ins Internet zu setzen, damit sie dann in die Welt hinausgetragen werden (siehe Mk 16,15). Diese Möglichkeit werden wir nutzen, solange es geht. Im Juni 2018 spreche ich ausschließlich prophetische Themen wie z. B. „Europa und der Antichrist", „Deutschland in der biblischen Prophetie" u. a. an. Vor Kurzem predigte ich über Syrien. Hört diese Predigt im Internet nach *(siehe Predigt: „Syrien in der biblischen Prophetie" vom 09.06.2018)*. Dieses Land spielt ebenfalls eine sehr große Rolle, denn in der Heiligen Schrift ist immer wieder „vom Gericht aus dem Norden" die Rede. Doch was bedeutet das genau? Gestern sprach ich über das Thema „Gog und

Magog" *(s. Predigt: „Gog und Magog formieren sich" vom 15.06.1918)*, und am Mittwoch ging ich der Frage „Was kommt auf uns zu?" nach *(s. Predigt: „Was kommt auf uns zu" vom 13.06.2018)*. Mich interessiert, was auf mich einbricht, was mir begegnet und worauf ich mich einstellen muss.

Doch zurück zu meinem Thema: China ist groß im Kommen! Dieses Land steigt als Supermacht auf und übernimmt weltweit die Wirtschaft und Technologie. Die Chinesen werden als Diebe angeklagt, weil sie sämtliche Patente kopieren. Die Chinarestaurants sind überall zahlreich vertreten. Im Fokus steht derzeit die Wiederherstellung der Seidenstraße, die bereits mehrere Jahrhunderte alt ist. Die Babylonier und Ägypter waren durch den Seidenhandel verbunden, der sich bis nach Ägypten fortsetzte. In den Pyramiden fand man neben den Mumien Kleidungsstücke aus Seide. China rückt an! China war schon damals, vor circa zweitausend Jahren, ein überaus fortschrittliches Land, zu Zeiten, da unser Staat noch unterentwickelt, roh und verwildert war. China entwickelt sich zusehends zur weltweit größten Supermacht. Dort, wo damals Kamele entlangzogen, werden heute vierspurige Straßen gebaut! Das Verkehrsnetz expandiert, damit allerorts, auch hierzulande, die Wirtschaft florieren kann.

Ich lese eine Schriftstelle aus dem Buch der Offenbarung Kapitel 16. Es steht geschrieben: **<u>Und der sechste *(Engel)* goss aus seine Schale auf den großen Strom Euphrat; und sein Wasser trocknete aus, damit der Weg bereitet würde den Königen vom Aufgang der Sonne (Offb 16,12).</u>** Euphrat war der Strom, der rings um den Paradiesgarten, in dessen Mitte der Baum des Lebens wuchs, floss. Dieser Strom grenzte das Römische Reich von dem Persischen Reich ab. Wir dürfen nicht etwa denken, dass dieser Fluss wirklich austrocknen wird, aber *„den Königen vom Aufgang der Sonne"* wird der Weg bereitet. Mit der Ausgießung der sechsten Zornschale, so lesen wir, wird eine Wende in der Geschichte eingeleitet. Plötzlich ändert sich alles. Ich teilte euch bereits mit, dass die derzeit stattfindenden

Weltveränderungen und Umwälzungen klammheimlich, unauffällig und kaum vernehmbar stattfinden. Die Berliner Mauer fiel ohne Blutvergießen. Und so ähnlich wird auch diese globale Veränderung sein. Viele Schwierigkeiten, denen die Politiker nicht gewachsen sind, werden durch die Öffnung des Ostens behoben. Wer hätte ein Bündnis zwischen Donald Trump und Kim Jong-un für möglich gehalten! Mit dem Begriff *„Aufgang der Sonne"* ist das äußerste Ende des Kontinents gemeint. Damals lobten die Schweizer ihr Uhren-Fabrikat, das weltweit die Führungsspitze erlangt hatte, und das solange, bis das Digitalzeitalter begann und die Japaner die Schweizer überholten. Wegen ihres bescheidenen Designs ist die Digitaluhr heute besonders beliebt.

Viele nehmen die Veränderung nicht wahr, die eben darum stattfindet, weil diese Zornschale ausgegossen wird. Klammheimlich hinter den Kulissen werden große Prozesse ausgelöst. Bezugnehmend auf die Schriftstelle *„und sein Wasser trocknete aus"* wage ich zu behaupten, dass dieser Strom aufgrund seiner enormen Wasserressourcen nicht versiegt. Der Berg Ararat, nahe dem der Euphrat entspringt, hält genügend Wasservorrat bereit. Doch was die Bibel mir aufschließt ist das Folgende: Wir stehen vor großen, sich immer mehr ausweitenden Klimaveränderungen. Die meisten Kulturen, wie z. B. die der Stämme der Inka, Maya oder Azteken, waren von Klimaveränderungen betroffen. Das war die Hauptursache für deren Untergang! Es gab kein Wasser mehr! Außerdem war die Versorgung mit lebensnotwendigen Gütern unterbrochen. Weitere Ursachen waren die Völkerwanderung, aber auch die Verlegung der Handelsstraße, wie es sich in der Stadt Petra bei den Nabatäern zugetragen hatte. Plötzlich waren ihre Einwohner ausgegrenzt und blieben vom Handelsgeschehen unberührt.

Dieser Gerichtsakt der Ausgießung der Zornschale ist ein Aufruf zur Buße (s. Offb 16,19b). Wir sangen soeben das folgende Lied: *„Herr öffne Du mir die Augen und die Ohren, damit ich sehen und vernehmen kann"*. Das ist der letzte Aufruf zur

Umkehr sowie ein Gnadenakt! Der Herr will die Menschen erretten! Er will ihnen beistehen, sie zur Erkenntnis der Wahrheit geleiten (s. 1 Tim 2,4) und darauf achten, dass niemand verlorengeht! Im Osten geht die Sonne auf! Dort beginnt der neuer Tag! Wenn wir Silvester feiern, wissen wir, dass Neujahr auf den Fidschi Inseln bereits begann. Der Anbruch des ersten Tages im neuen Jahr beginnt. Eine neue Zeit bricht im Orient an! Im Westen geht die Sonne unter! Die Weltsupermacht verläuft einmal um die Erde gen Westen. Sie begann, im Schnelldurchlauf gesagt, in Babylon, und verlief über Assyrien, Griechenland, Rom, Großbritannien, Amerika bzw. die USA, und zurück zu uns über Japan, Korea, China, Indien, Pakistan bis zum Euphrat, an dem alles begann. Nun beginnt dieser Kreislauf von Neuem. Das ist „der Schlüssel" für die Prophetie. Das Ende kommt immer zum Anfang zurück.

Verschaffe dir einen Überblick, was auf Erden passiert und wofür der Osten und der Westen steht! Der Westen steht für Kapitalismus, Toleranz, Konsum, Geldgier und Materialismus. Die Menschen sind einerseits vergnügt, und andererseits gestresst. Ihr Ansinnen ist Erfolg und Wachstum. Dort findet der Sonnenuntergang statt. Deren Religionen samt ihrer Rituale sind verkrustet, und veraltete, längst überholte, festgefahrene und geistlose Machtstrukturen gehen mit dem Sonnenuntergang „zu Bett" und schlafen ein. Der Osten wiederum steht für Sonnenaufgang, Aufbruch, Meditation und das Verlangen, ein geistvolles Leben zu führen. Das leben uns derzeit die Japaner, Chinesen und Inder vor. Sie sind lebensbejahend und verfügen über einen starken Familienzusammenhalt. Dieser Umstand hat einen hohen Wert und ist ein großer Gewinn! Das Arbeitsgeschehen ist für die dort lebenden Landsleute selbstverständlich. Sie arbeiten sogar unentgeltlich, wenn es der Volkswirtschaft dienlich ist. Der Osten erlebt derzeit einen starken Aufschwung.

Besonders auffallend sind in diesen Gefilden die Hakenkreuze, die zum Kulturerbe zählen, da sie dort entstanden sind. Adolf Hitler erlebt in Asien eine Wiederauferstehung. Er ist alles andere als tot, da sein Geist weiterlebt. In Pakistan sind Autos mit der Aufschrift „I like Nazi" gang und gäbe. Diese Einstellung kommt aus Asien. Insbesondere in China ansässige Bekleidungsfirmen bieten Kollektionen mit SS Emblemen und Hakenkreuzen an. Krawatten und Accessoires mit Hakenkreuzen werden produziert. In Thailand dekoriert man damit. Nach bestandenem Studium und während dem Erhalt ihres Diploms sind alle Studenten mit dem Konterfei des Naziregimes ausstaffiert. In der Mongolei entsteht ein NS-Kult. Man tritt in SS-Uniform auf. Dieser Geist lebt erneut auf! Besonders vorhanden ist der Hitlerkult in Indien. Dort erlebt Hitler ein Comeback. Hitlers Standartwerk „*Mein Kampf*", das nahezu in jeder Buchhandlung angeboten wird, ist ein Verkaufsschlager! Also, da soll mir jemand sagen: „Hitler ist tot!" Ja, er *ist* tot, aber sein Geist lebt weiter! Diese Mächte auferstehen zu neuem Leben vom Aufgang der Sonne her! Viele Inder küren Hitler zum Volkshelden, da er ganz beträchtlich dazu beigetragen hatte, ihr Land vom Joch der Briten zu befreien. Obwohl das alte Gedankengut des Nationalsozialismus dortzulande kursiert, steht der Osten für neues, fortschrittliches Denken.

Aus dem Osten stammt „*die Lehre von den Entsprechungen*", die z. B. Folgendes beinhaltet: „*Wie oben, so unten*" oder „*wie im Licht, so im Dunkel*". Diese Entwicklungslehre ist dort beheimatet und unter den Bewohnern weit verbreitet. Die Weisheit, insbesondere die chinesische mit Lehrern wie Buddha, Konfuzius und Zarathustra, steht im Vordergrund. Der gesamte asiatische Kontinent wird erneuert, wiederbelebt, neu erforscht und ergründet. In die Restauration und Instandsetzung der Seidenstraße investiert man ein Vermögen! Damals wie heute verbindet diese Route Zentralchina mit Pakistan, Indien sowie dem Mittelmeerraum, Afrika und Arabien. Wer hätte jemals gedacht, dass die Seidenstraße wieder neu aufleben würde? Eine althistorische Straße wird zu neuem Leben erweckt! Die Geschichte wiederholt sich. Es gibt nichts Neues unter der Sonne, wie nachfolgend im Buch Kohelet geschrieben steht: **Was geschehen ist, eben das wird hernach sein. Was man getan hat, eben**

China will wirtschaftlich, politisch, technisch und militärisch künftig in erster Liga der Supermächte mithalten! Die Chinesen sind davon überzeugt, dass ihnen als 1,5-Milliarden-Volk ein Platz in der weltweiten Führungsmacht zusteht, was meiner Meinung nach gerechtfertigt ist. Der Ferne Osten umfasst immerhin vierzig Prozent der Weltbevölkerung! Diese Menschenmasse Asiens hält auf der Weltbühne Einzug! Im Zusammenhang mit seiner Vorstellung von der Supermacht, sprach der chinesische Staatspräsident Xi Jinping von dem chinesischen Traum, der wahr und lebendig werden müsse. Während der Denkhorizont der westlichen Politiker nur bis zur nächsten Wahl bzw. Amtsperiode reicht, denkt und plant das chinesische Volk Jahrzehnte bis Jahrhunderte voraus. In China herrscht eine regelrechte Entwicklungsdiktatur, die von oben her befolgt wird. Sie sagen: „Wir müssen vorwärtsgehen und weitermachen!" Ihr Traum ist schon beinahe zur Realität geworden. Die Chinesen kaufen unsere Patente auf und investieren mannigfach Geld, um sie weiterzuentwickeln. Das Schlüsselereignis, das ich im Verlauf der technischen Entwicklung beobachtete, ist beeindruckend: Chinas Anteil an der Weltwirtschaft stieg in den letzten zwei Jahrzehnten von sechs auf sechzehn Prozent an! Im selben Zeitraum gelang es ihnen, circa eine halbe Milliarde Menschen aus der Armut zu befreien! Sie verfügen nun über das Notwendigste, haben Essen, Kleidung und Gewinn. Sie streben an, bis zum Jahre 2020 die Armut vollständig besiegt zu haben. Dieses Land erreicht ein Viertel des weltweiten Wachstums. Die Asiaten sind ein sehr fleißiges Volk! Sie denken nicht zuerst an sich, sondern an ihre Arbeit und die Verteilung des Ertrags unter das Volk. China ist enorm reich, weshalb sich Donald Trump veranlasst sah, Handelszölle aufzuerlegen, aufgrund der gewaltigen Investitionen Chinas im westlichen Ausland. Im vergangenen Jahr wurde China zum größten Auslandsinvestor gekürt. In Deutschland kaufen die Asiaten ganze Firmen auf!

Während der Finanzkrise im Jahr 2009 lief Chinas Hochkonjunktur unbeirrt weiter. China ist im Kommen!, das thematisiere ich. Ihre Landesführungsspitze proklamierte unlängst: „Unser System ist dem Westen weit überlegen!", und das, obgleich sie Kommunisten und Atheisten sind. Chinas Volkswirtschaft wird vermutlich in zehn Jahren größer sein als die der USA! China profiliert sich als Vorreiter in zahlreichen Schlüsselbranchen wie Solarenergie und Elektromobilität. Die Legalisierung schreitet dortzulande schneller voran als hierzulande. Während man in unseren Gefilden ausführlich zu debattieren sucht, setzt man dort den Plan bereits um. China ist Weltmarktführer in der Herstellung von Solarzellen, Handys, Mikrochips, Displays oder Drohnen. Im Jahr 2016 gelang es den Chinesen, mehr als eine Million Patente anzumelden, während die Deutschen in derselben Zeit lediglich etwa einhunderttausend Patente zu verzeichnen hatten. Viele Kleidungsstücke hierzulande sind mit der Plakette „Made in China" versehen. Vieles wird durch Kinderarbeit in Bangladesch kreiert und produziert. Die asiatischen Staaten sind im Vormarsch! Wenn wir über die Geschwindigkeit der Konkurrenz, welche aus China zu uns gelangt, nachdenken, müssen wir zugeben, dass deren Warenqualität eine bessere ist.

Die Schwäche des Westens sowie eine zerstrittene Europa-Union ist ein großer Vorteil für dieses Land! Eine akkurat präzise Analyse der Weltwirtschaftsentwicklung zeigt, dass der Fokus Chinas nicht in erster Linie auf militärische Aufrüstung, sondern auf eine stabile Wirtschaftspolitik gerichtet ist. Obwohl in Militär investiert wird, ist eine stabile Wirtschaftsmacht zu verzeichnen, in der das Volk führend ist. China verfügt über Kernwaffen und Raketen in sämtlicher Ausführung. Obwohl dieser Staat seine militärische Position aufrechterhält, achtet er auf Wirtschaftsunternehmen und Absatzmärkte seiner Warenproduktion mit Fokus auf das Gesamtweltgeschehen. China strebt nicht die Weltwirtschaft um jeden Preis an, sondern hat eine starke wirtschaftliche Stellung zum Ziel. Ihre Prioritäten sind gänzlich andere als die Amerikas.

Noch einmal lese ich die Schriftstelle aus dem Buch der Offenbarung Kapitel 16 vor: *„Und der sechste (Engel) goss aus seine Schale auf den großen Strom Euphrat;"*. Ein Fluss birgt Wasser, Bewegung und Leben in sich! Und weiter: *„und sein Wasser trocknete aus, damit der Weg bereitet würde den Königen vom Aufgang der Sonne."* Dieser drastische Fall erinnert mich an die Stadt Babel. Als Belsazar ein großes Fest feierte, nahm er die heiligen Gefäße, die sein Vater Nebukadnezar aus dem Tempel geholt hatte, spottete und lästerte Gott und achtete nicht darauf, dass die Perser geradewegs ins Land einfielen. Sie hatten das Wasser des Euphrat umgelenkt und das Gericht brach herein. Die Schrift an der Wand *„mene mene tekel u-parsin"* (s. Dan 5,25) heißt so viel wie *„gewogen, gewogen und zu leicht befunden"*. (Siehe Dan 5,27) Der König der Chaldäer namens Belsazar konnte die Schrift nicht entziffern, weil er sich niemals zuvor damit befasst hatte! Bis der Prophet Daniel äußerte: „Das ist leicht!" Ein ganzes Volk wurde beherrscht, ohne dass sich zuvor die Mühe gemacht wurde, dessen Sprache und Schrift zu erlernen! Das Gericht wurde vollzogen und Belsazar noch in derselben Nacht ermordet (s. Dan 5,30). Lies diese Verse und überzeuge dich selbst.

So wie es zur Zeit des König Belsazar geschehen war, wird es sich in der Endzeit ereignen! Alle werden sich in falscher Sicherheit wiegen, feiern, jubeln, das Leben genießen und Spaß haben. Peter Hahne äußerte unlängst das Folgende: *„Es ist bald Schluss mit lustig!"* Die Leute hier im Westen genießen das Leben, konsumieren und belustigen sich. Sie merken nicht, dass sie mittlerweile bankrott sind. Der Feind steht vor der Tür. „Der Euphrat trocknet aus." Das Wasser, welches einst um den Paradiesgarten floss, versiegt mehr und mehr und ist bald nicht mehr da. Die Leute haben weder Moral und Anstand, noch ein geistliches Leben, noch geistliche Substanz! Sowohl die Christen als auch die Kirchen sind tot. Sie nennen sich Christen, aber sind Christen ohne Christus! Anstatt dass sie sich selbst ins Gebet nehmen, beten sie für Deutschland, Afrika und die ganze Welt. Ein Lied lautet wie folgt: *„Ich bin in Not, ich brauche Gebet."* D. h., weder der Vater noch der Bischof noch der Priester, sondern ich, o Herr, benötige Gebet! Ja, wir brauchen alle Gebet!

„Die Könige vom Aufgang der Sonne" treiben die Finsternis vor sich her. Während die Sonne aufgeht, geht ihnen die Nacht voraus. Der Drache wird als ein weiteres Endzeitwesen erwähnt. Der großartig erscheinende Drache ist ein Zeichen und Symbol der Chinesen. Als ich mich auf dem Neujahrsfest in Singapur aufhielt, sah ich, wie man diesen Drachen durch die Straßen trug. Menschen, die in den Händen Lampions hielten, umjubelten diese Unheil einflößende Gestalt. Der Drache verkörpert das Mahnmal Chinas. An dieser Stelle handeln die Menschen, obwohl sie Gutes und Lebensbejahendes, Fortschritt und Entwicklung, wünschen, auf Anordnung des Teufels! Tut mir leid, dass ich das sagen muss! Satan will „Steinen zu Brot machen" (s. Mt 4,3), und er weiß genau, dass die Menschen, sobald sie Wohlstand besitzen, den himmlischen Vater vergessen. Dieses Machtsymbol Chinas, der Drache, ist der große Führer und die treibende Kraft des Landes!

Der Buddhismus – ich war lange in Indien und hatte Gelegenheit, es genau zu beobachten – ist geprägt von diesem Drachenwesen. Neben Buddha siehst du es dort überall. Dieser Drache ist vergleichbar mit einem alten Saurier, einem Monster bzw. einer Schlange aus der vorsintflutlichen Zeit. Das ist das Machtsymbol Chinas. Das mir in Indien vor Augen gestellte Mahnmal verfügt über sieben Häupter und erinnert an die alte Symbolsprache der Heiligen Schrift: die sieben Leuchter! Diese uralten Symbole der Bibel treten immer wieder in Erscheinung, denn die Menschheit wurde von der Schlange bzw. dem Drachen verführt! In den Machtsymbolen Chinas ist gerade eben diese Verführung enthalten! China wird dem Volk Gottes noch ganz anders zusetzen! Das findet nicht etwa durch Verfolgung statt, sondern durch Überversorgung. Sie werden zwar alles haben, ein tolles Leben, aber das geistliche Leben fehlt.

Es ist kein Zufall, dass gerade im Buddhismus dieses Tier einen so großen Symbolgehalt aufweist. Die Heilige Schrift berichtet über den leuchtenden Drachen mit den sieben Häuptern, u. a. von dem, was nachfolgend geschrieben steht: **Und es erschien ein anderes Zeichen im Himmel, und siehe, ein großer, roter Drache, der hatte sieben Häupter und zehn Hörner und auf seinen Häuptern sieben Kronen (Offb 12,3).** Und dann lese ich im Buch der Offenbarung Kapitel 16, was geschrieben steht, siehe hier: **Und ich sah aus dem Rachen des Drachen und aus dem Rachen des Tieres und aus dem Munde des falschen Propheten drei unreine Geister kommen, gleich Fröschen; es sind Geister von Dämonen, die tun Zeichen und gehen aus zu den Königen der ganzen Welt, sie zu versammeln zum Kampf am großen Tag Gottes, des Allmächtigen (Offb 16,13f.).** Unreine Geister sind nach dem Neuen Testament Dämonen, d. h. Gedanken, die nicht von Gott sind, die nichts Gutes wollen, die unbarmherzig sind und die die Menschheit zerstören. Es sind niederträchtige, mächtige, trügerische Geister, die Aufsehen erregen durch Wunder. Wunderwirkungen wie Krankenheilungen sind hier nicht gemeint. Die Menschen werden durch „Wunder der Technik" verführt. Und Technik *ist* ein Wunder! Der Ausdruck *„gleich Fröschen"* betont ihre Abscheulichkeit. Für die Israeliten waren Frösche unreine Tiere, die nicht zum Verspeisen gedacht waren. Später werde ich noch näher auf diesen Begriff eingehen. Viele Personen merken nicht, was derzeit stattfindet!

In der persischen Mythologie heißt es immer wieder, dass mit Fröschen Plagen einhergehen. Drachen speien die Frösche aus, die Plagen verursachen. Dämonen werden in der Heiligen Schrift als schleimige, kaltblütige und abscheuliche Wesen beschrieben. Der Drache fordert am Schluss die Anbetung der Menschen. Aus der persischen Mythologie heraus betrachtet, stelle ich Folgendes fest: Die Menschen sterben nicht durch einen Krieg. Wir warten auf den Dritten Weltkrieg. Ich lade dich ein, zu meinen Gottesdiensten zu kommen, denn ich werde in der kommenden Woche davon predigen (s. *Predigt: „Der dritte Weltkrieg steht vor der Tür" vom*

20.06.2018). Doch diese Welterschütterung wird kein durch Militär verursachter Krieg sein, denn lies dazu, was nachfolgend geschrieben steht: **Denn wir haben nicht mit Fleisch und Blut zu kämpfen, sondern mit Mächtigen und Gewaltigen, mit den Herren der Welt, die über diese Finsternis herrschen, mit den bösen Geistern unter dem Himmel (Eph 6,12).** Wir kämpfen mit den Waffen des Geistes und des Glaubens! Jene Waffen werden jetzt gegen die Gläubigen gerichtet, ohne dass sie es wahrnehmen! Wohlstand ist der Menschheit Verderben! Früher sagte man, dass Sünde der Leute Verderben sei. Der Teufel ist klüger geworden; er verdirbt die Menschheit nicht mehr mit Sünde, sondern mit Wohlstand. Darum sind diese Schlangenwesen, wie z. B. der Drache, in den buddhistischen Tempeln dargestellt. Sie fordern Anbetung, und die Besucher des Tempels entzünden ihre Räucherstäbchen und beten diese uralten Symbole der Menschheit an.

Das Kommende wird eine Religion ohne den Herrn sein, getrieben, gehetzt und gejagt von dem Materialismus! Der Materialismus wird entmachtet. Es gibt einen kommunistischen und einen kapitalistischen Materialismus. Beides trägt den Materialismus zur Schau. In Deutschland war bisher der östliche Materialismus vorherrschend. Nachdem der Kommunismus abgelehnt wurde, wandte man sich den westlichen Methoden zu. Mit Marktwirtschaft versucht man die Welt zu erobern. Das aus dem Fernen Osten hierzulande Eindringende, ist geprägt von Esoterik, Anbetung und Meditation. Selbst die Kirchen in deutschsprachigen Gebieten nehmen den Buddhismus spielend auf. Sie wissen nicht, welche verheerende Macht und welcher katastrophale Einfluss dadurch ins Landesinnere einbricht!

Zurück zur Seidenstraße: Seide ist weich, sehr angenehm und sanft. Die Seidenstraße steht für Wohlsein, ein angenehmes Leben und Komfort. Satan versucht mit Bequemlichkeit die Menschen in Afrika, Europa, Amerika bzw. Südamerika zu verführen und vom Herrn zu lösen! Sie behaupten: „Wir können uns selbst versorgen, denn wir verfügen über Roboter, Technik und Satelliten." Durch Wohlstand geht man verloren! Jesus sprach, was nachfolgend geschrieben steht: **Geh hin, verkaufe alles, was du hast, und gib's den Armen, so wirst du einen Schatz im Himmel haben, und komm, folge mir nach! (Mk 10,21b)** Die Reichen – so steht es in der Heiligen Schrift – sind in weiche, seidene Gewänder gekleidet. Über Johannes den Täufer spricht Jesus, der Herr, was nachfolgend geschrieben steht: **Oder was wolltet ihr sehen, als ihr hinausgegangen seid? Einen Menschen in weichen Kleidern? Seht, die herrliche Kleider tragen und üppig leben, die sind an den königlichen Höfen (Lk 7,25).** Diese haben keinen Teil an Gott! Verkaufe alles, was du hast! Johannes der Täufer war in einen Kamelhaarmantel umgürtet mit einem Lederriemen gekleidet. Seine Speise war wilder Honig (s. Mt 3,4).

Die heutige Verführung ist die gefährlichste, weil man sie kaum wahrnimmt! Morgen fahre ich fort darüber zu predigen *(s. Predigt: „Wir sind in der Endzeit" vom 17.06.2018).* Komm morgen hier her oder höre diese Predigt im Internet nach. Wohlstand macht uns leichtfertig, träge und lau. Man lebt ein bequemes Leben. Viele glauben, dass man eine negative Stimmung durch Power-Gedanken besiegen kann, indem man sich etwas suggeriert. Apropos Wohlstand: Wenn wir die Bibel aufmerksam studieren und verstehen, ist für uns nicht der Erfolg bestimmt, sondern das Scheitern. Lasst uns ganz ehrlich sein. Der Herr Jesus verkündigt das folgende Wort, welches gemäß der Überlieferung aus der Heiligen Schrift offenbar wurde und nachfolgend geschrieben steht: **Da sprach er zu allen: Wer mir folgen will, der verleugne sich selbst und nehme sein Kreuz auf sich täglich und folge mir nach (Lk 9,23).** Das wollen viele nicht hören: das Kreuz bzw. das Martyrium! Nur dafür ist uns der Heilige Geist verliehen!, um siegreich zu sein und „gegen den Strom schwimmen" zu können! Und nicht dafür, um ein siegreiches, bequemes und angenehmes Leben zu haben, entschieden Nein!, sondern um Seine Zeugen zu sein (s. Apg 1,8).

Johannes der Täufer wandelte unter uns. Über ihn steht geschrieben, dass er dem Herrn den Weg bereite (s. Lk 3,4). China bereitet den Weg dem Drachen bzw. dem Materialismus! Christen müssen Realisten sein und mit der Wirklichkeit leben. Ich möchte euch ein paar Wahrheiten weitergeben, die mir sehr wichtig sind! Allein durch deinen Glauben an den Herrn Jesus Christus unterscheidest du dich von einer Person, die in der Welt lebt! Das möchte ich hier bewusstmachen. Vielleicht schockiert dich das, aber Hungersnöte und Kriege treffen sowohl die Christen als auch die Atheisten. Das wurde durch die Heilige Schrift bewiesen. Sowohl Abraham als auch die Ägypter waren betroffen. Lies die Geschichte über „die sieben fetten und die sieben mageren Jahre". (Siehe 1 Mose 41,1-36) Das Einzige, was uns von den Atheisten unterscheidet, ist, dass wir eine andere Hoffnung haben: Christen glauben an ein Leben nach dem Tod. Das ist der Unterschied.

Wir leben zwar in der Welt (s. Joh 17,11a), sind aber nicht von ihr (s. Joh 17,9.14b). Das gilt für gewissenhafte, ernste Christen. Aufgrund meiner Liebe zum Herrn habe ich mehr Kraft. Weil ich Ihm vertraue, kann ich Leiden, Schwierigkeiten, Nöte und den Tod ganz anders ertragen. Aber wir alle sind betroffen! Der Herr hat ausnahmslos allen Menschen gesetzt, einmal zu sterben (s. Hebr 9,27). Das betrifft auch die beiden Zeugen, die entrückt wurden. Diese müssen nochmals auf Erden wandeln, um zu sterben. So ist es in der Bibel verzeichnet. Christen sind nicht vom Alltagsleben entbunden! Sie sind nicht gesünder, schöner, reicher oder klüger als die Atheisten! Es gibt keinen Unterschied. Manchmal sind die Nichtchristen sogar im Vorteil, denn Christen haben ein großes Problem: sie sprechen zwar viel über das Wort Gottes, handeln aber nicht danach! Die Welt würde ganz anders aussehen, wenn sie nicht nur reden, sondern handeln würden. Christen leben nicht länger oder schmerzfreier, aber sie verkraften den Schmerz besser. Namhafte Persönlichkeiten der Kirchengeschichte waren zeitlebens krank. Martin Luther litt an Beschwerden des Unterleibs, der schweizer Reformator Johannes Calvin litt zeitlebens unter Migräne, und der dänische Philosoph Søren Kierkegaard litt unter Depressionen. Christen, Gläubige,

Pastoren, Bibelübersetzer und Reformatoren litten mitunter zeitlebens an irgendeinem Übel. Der russische Schriftsteller Fjodor M. Dostojewski litt an Sucht und Epilepsie.

Vielleicht denkst du ja auch: „Wenn ich an den Herrn glaube, werde ich nicht krank!" Doch, mitunter schon, denn so ist es nicht. Christen gehen lediglich anders mit ihren Gebrechen um. Sie ziehen den Herrn zurate, stellen Ihm ihr Anliegen anheim und bitten Ihn um Hilfe und Unterstützung. Sie legen ihre Bedürfnisse in Seine Hand und beten: „Herr, in Deine Hände lege ich sämtliche Umstände meines Lebens!" Die Liste der Christen, die besonders mit dem Herrn verbunden waren, den Schöpfer verehrten, im Einklang mit der Natur lebten, ist lang! Diese Personen wurden mit allerlei Zipperlein und Leiden geplagt, aber sie erreichten das Ziel! Die Bibel widerspricht ganz entschieden den sogenannten Glückspropheten von heute, die behaupten: „Glaube an den Herrn Jesus, dann hast du keine Probleme!" Das ist eine satanische Lüge! Jesus und Seine elf Jünger verstarben an einer unnatürlichen Todesursache, als Märtyrer. Glaube nur nicht, dass der Weg in den Himmel „über die Seidenstraße" führt! Dieser Weg ist voller Dornen und Disteln! Es ist ein schmaler Pfad!

China bringt Wohlstand! Gott sei gedankt für Wohlstand. Ich bin nicht geneigt ein komfortables Leben abzulehnen. Ich bin dankbar für das, was ich besitze, solange es mich nicht beherrscht und bestimmt. Menschen werden von der Technik vereinnahmt und kontrolliert! Betrachte Personen und ihrem Umgang mit dem Smartphone. Morgens, gleich nach dem Erwachen, checken sie ihre E-Mails, alle Anrufer und alles, was es sonst noch gibt. Noch bevor sie die Andacht halten und den Herrn anbeten, informieren sie sich etwa zehn Minuten lang über „die Hölle". Diese Smartphone-Möglichkeiten sind zwar gewinnbringend, und ich begegne ihnen mit Dank, aber ich lasse mich nicht davon regieren.

Durch die Chinesen erfahren wir, die Schwellenländer, aber vor allem auch der afrikanische Kontinent, den Wohlstand. Die Afrikaner sind den Chinesen sehr zugetan. Doch durch Wohlstand werden mehr Menschen vom Glauben abfallen als durch Sünde oder die falschen Religionen! Wohlstand wird viele Menschen, sogar die Afrikaner, von Bekehrung und Glauben abhalten! Mit dem fernöstlichen Materialismus dringt China „in einen leeren Raum" ein. Die Beatles fuhren dann in den Fernen Osten und öffneten sich der Meditation. Aus Indien kommend brachten sie dann ihren neuen Glauben ins Land, sangen Lieder wie *„Hare Krishna Mantra"* und verwirrten alles, Krishna, Buddha u. v. m. Die Kirchen werden immer leerer. Diese leeren Räume werden gerade durch den negativen Einfluss des Fernen Ostens gefüllt. Was haben die Kirchen uns heutzutage denn noch zu bieten? Sie wurden entweiht! Anstatt Kirchgesängen finden Konzerte statt, oder die Kirchsäle werden zu Museen umdekoriert. Wo wird heutzutage noch der Glaube gepredigt? Wer in die Kirche geht, läuft Gefahr, seinen Glauben zu verlieren! Kirchen wurden längst islamisiert. Es ist ein dümmliches Geschwafel, dass das Christentum und der Islam an ein und denselben Gott glauben. Falls sie doch an ein und denselben Gott glauben sollten, dann gewiss nicht an den, der einen Sohn hat, der den Namen Jesus Christus trägt! Sie glauben nicht an Jesus Christus. An den Gott namens Allah glaubt auch der Teufel. Das ist nichts besonderes. Den Wohlstands-Menschen ist es völlig gleichgültig, Hauptsache „der Rubel rollt". In der Endzeit werden sogar die Afrikaner vom Materialismus vereinnahmt werden.

China erwirtschaftet zunächst einmal Absatzmärkte für die eigene Produktion, dann sichert dieses Land die Rohstoffe mit sehr viel Kalkül und Raffinesse. Die Chinesen geben zuerst, bevor sie etwas nehmen. Sie haben eine erstaunlich starke Finanz- und Arbeitskraft. Der chinesische Aufstieg verfolgt akribisch streng wirtschaftliche Projekte, keine militärischen! Das findet friedlich und unspektakulär statt. China ist kein „wahnsinniger Hitler", der um die Weltherrschaft Sorge trägt. Diesem Land geht es zu allererst um das Wohlsein der arbeitenden Bevölkerung. Geht es den Menschen gut, arbeiten sie als Freunde weiter zusammen und werden Partner. China sieht keinerlei Veranlassung, gemäß dem westlichen Machtstreben einen demokratisch-liberalen Entwicklungspfad zu verfolgen. Meinungsfreiheit und eine starke Beeinflussung durch die Medienkampagnen ist für die Bevölkerung nicht relevant. Der Markt stellt die erste Priorität dar. Wirtschaftlicher Erfolg benötigt keine Demokratie! Innerhalb der nächsten fünf Jahre wird Chinas Einfluss weltweit und hierzulande real und stark vernehmbar sein! China beeinflusst das ganze öffentliche Bewusstsein gerade derzeit ganz erheblich. Wir haben überhaupt noch keine Vorstellung von dem Ausmaß der Kontrolle hierzulande. Falls du ein schulpflichtiges Kind hast, bereite deinen Sohn oder deine Tochter darauf vor, dass es die chinesische Sprache erlernt. Chinesisch wird zur Weltsprache gekürt werden.

Die Chinesen kaufen ganze Firmen auf. Sie werden im Westen und hierzulande sowohl Firmenchefs als auch Arbeitnehmer. Schon recht bald werden wir von chinesischen Arbeitgebern kontrolliert! Die chinesischen Mitbürger werden durch den Ideengehalt des Konfuzius die Kultur unseres Landes stark mitbestimmen, verändern und prägen. Unser Stadtbild wird nicht durch die Touristen, sondern durch die Wirtschaft geprägt; das Leben geht mit dem wirtschaftlichen Fortschritt konform. Die Veränderung der Welt läuft so rapide und unmerklich ab, dass es niemand wahrnimmt. Warte nicht auf den großen Krieg und die damit einhergehende rapide, weltweite Veränderung! Die große Umwälzung vollzieht sich klammheimlich „hinter der großen Mauer". Satan brüllt nicht mehr wie ein Löwe, sondern er kommt sanft und still auf Katzenpfoten daher. China entmachtet die USA unmerklich. Die Bevölkerung spürt es kaum, aber Donald Trump merkt auf und ist hochgradig nervös. Die Endzeit wird so unmerklich und klammheimlich stattfinden, dass die Menschen keine Notiz davon nehmen. Es wird wie in den Tagen Noahs sein. Das Wort Gottes teilt uns dazu mit, was nachfolgend geschrieben steht: <u>Und wie es geschah in den Tagen Noahs, so wird's auch sein in den Tagen des Menschensohns: Sie aßen, sie</u>

tranken, sie heirateten, sie ließen sich heiraten bis zu dem Tag, an dem Noah in die Arche ging und die Sintflut kam und brachte sie alle um (Lk 17,26f).

Die Chinesen sichern sich den Zugriff auf Erdöl und Erdgas in Ländern wie Kanada, Australien und Indonesien. China hat eine führende Stellung in der Solarenergie inne. In Frankfurt Oder war eine solide Firma für Solarenergie ansässig. Diese Firma wurde von den Chinesen aufgekauft und ging bankrott. Die gesamte Firmenproduktion wurde veruntreut. Geschwister aus der Gemeinde, die in dieser Firma gearbeitet hatten, verloren ihre Arbeit. Die Chinesen marschieren ein!, das habe ich während meines Dienstes hautnah miterlebt.

Chinas Solarfirmen verändern den Energiemarkt radikal. Die Chinesen machen Solarenergie billiger und rentabler. Das geschieht in Windeseile, sodass dieses Land führend ist in der Produktion von elektronischen Fahrzeugen nebst sauberer Energie. Die rentablen chinesischen Solaranlagen kommen in der Europakrise gerade gelegen. China produziert Erdölraffinerien und Solarzellen für den Weltabsatzhandel. Sie produzieren nicht nur für sich selbst, sondern bereits für die fünfte Generation! China baut eine Raffinerie an der Küste des Roten Meeres in einer noch nie dagewesenen gigantischen Höhe zur Produktion und Verarbeitung von Erdöl. „Die Karten auf dem Weltenergiemarkt werden neu gemischt". Sei wachsam, damit du nicht ins Schleudern gerätst und verwickelt wirst! Ich stand hier in Berlin zwei Jahre als Pastor einer chinesischen Gemeinde vor, die in der Nazarethkirche versammelt war. Sie bestand überwiegend aus chinesischen und mongolischen Studenten. Dieser Menschenschlag ist völlig anders veranlagt als der unsrige. Das stellte ich fest, als wir gemeinsam Geburtstage und andere Feiertage abhielten. Sie geben ihre Gefühle nicht preis und haben eine ganz andere Mentalität. Die Leidensfähigkeit der Menschen aus dem ostasiatischen Raum ist extrem hoch. Sie sind bereit, Leiden durchzustehen und viele Opfer zu bringen.

Die Hauptursache, warum China gewinnt, und der Westen mit Amerika immer mehr verliert, ist Folgender: Während China Kapital anlegt und dazu beiträgt, die landesinterne Wirtschaftsstruktur zu verbessern, gute interkontinentale Beziehungen zu pflegen, auszubauen sowie in die verschiedensten Länder zu investieren, befasst sich Amerika ausschließlich mit Militär- und Militärmacht durch Drohungen und Zerstörungen, um sein Imperium aufrechtzuerhalten! Es gibt zwei unterschiedliche Strategien. Die Frage ist, welche die bessere ist und siegt. Ich durfte die indischen Brüder vor Ort in den Gemeinden, in denen ich gepredigt hatte, kennenlernen. Dabei wurde mir der große Unterschied zwischen den Asiaten und uns Deutschen bewusst.

Während die Chinesen siebzehn Milliarden Dollar für ein Hochgeschwindigkeitsnetz, das am Potsdamer Platz Berlin getestet wurde, ausgeben, welches ausgebaut werden und Städte miteinander verknüpfen soll, geben wir diese Entwicklung frei und lassen hernach die getane Arbeit ruhn, anstatt diese Neuerung einzusetzen und anzuwenden! Stagnation folgt der Entwicklung nach! Die USA hingegen verschwendet ihr Kapital für Expansion und Ausdehnung der Kriege in Afghanistan, Pakistan und derzeitig in Jemen. Während sich die USA auf Kriegswirren konzentriert, richtet China seinen Blick nach vorn auf die eigene Wirtschaftsmacht. China baut ein öffentliches, hochmodernes Transportsystem im eigenen Land auf, damit sich die Häfen samt der Produktionsstätten verbinden. Dadurch ist es möglich, die Arbeiter schnell an ihre Arbeitsplätze gelangen zu lassen und zu versorgen. Dagegen ist unser Straßenverkehrsnetz marode; eine Brücke nach der anderen verrostet. Die Investitionen in Straßenbau und Verkehr im Landesinneren nehmen unmerklich und klammheimlich ab.

Washington befasst sich ausschließlich mit der islamischen Bedrohung und führt Krieg gegen den Terror. Dieser Kampf währt seit zehn Jahren! Die selbstgezüchteten Banditen, die das Kampftreiben verursachten, wurden immer noch nicht festgenommen. Mit der Invasion und Besetzung islamischer Länder richtet die USA einen Schaden in Milliardenhöhe an! Billionen gibt man aus! Die amerikanische Bevölkerung trägt den Schaden davon! Sie hat nichts als Nachteile von diesen Kriegsinvestitionen. Ich vergleiche diese beiden Weltblöcke: Während China sein ganzes Land modernisiert und die Bevölkerung dadurch zufriedenstellt, hält das Weiße Haus Kongresse ab und unterstützt am laufenden Band Israel. Dagegen ist nichts einzuwenden, aber Israel behandelt die Palästinenser sehr unfair! Sie werden in Ghettos gefangengehalten! Denke nur an den Krieg in den arabischen Ländern: 1,5 Milliarden Moslems werden nicht wahrgenommen und bleiben unberücksichtigt, aber den Israeliten wird geholfen, damit die palästinensischen Brüder nicht in Freiheit gelangen und sich sorglos entfalten können! Ich traf mit Studenten aus Bethlehem und dem Westjordanland zusammen, die bitterlich weinten, weil sie nicht in ihr Heimatdorf zurückkehren konnten! Das sind einschneidende Erlebnisse und Erfahrungen. Die Personen, die einst ausgewandert waren, hatten plötzlich keinen Zugang mehr. Diese „bittere Wurzel" bleibt in den Herzen bestehen! Die Kriegskosten werden in die Höhe getrieben und Gelder sinnlos verschleudert! Dadurch verhärten sich die Schuldenbelastungen in den USA. Hingegen ist das China-Inland-Produkt in den letzten sechsundzwanzig Jahren um das Zehnfache gestiegen! Warum? Weil sie in das eigene Land investieren und die eigenen Anbauflächen bewirtschaften.

Wir könnten paradiesische Zustände haben, wenn wir nach dem Modell Chinas leben und arbeiten würden! Unser Automarkt ist mit asiatischen Fahrzeugen bestückt, z. B. mit Nissan und Toyota. Diese Fahrzeuge kommen aus der Region der „Könige der aufgehenden Sonne". Wir haben mehr „Made in China" in unseren Gefilden als wir für möglich halten! **Ein südkoreanisches Konsistorium erhielt den Auftrag, in den Vereinigten Arabischen Emiraten ein** Atomkraftwerk im Wert von 20,4 Milliarden Dollar zu bauen. D. h., dass die amerikanische und europäische Konkurrenz ausgeschaltet wurde und somit Südkorea als Gewinner hervortrat. Der ostasiatische Raum mit China, Korea und Japan steigt auf! Während die USA über sechs

Milliarden Dollar in interne Sicherheit, Heimatschutz und anderes investiert, um die potentiellen, selbstgezüchteten Touristen zu fangen und niederzumetzeln, verwendet China fünfundzwanzig Milliarden Dollar für den Ausbau des inländischen Energieversorgungssystems sowie für die Instandsetzung der Pipeline, die nach Russland führt. Bei alledem denken die Asiaten hinsichtlich ihrer Projekte fortschrittlich bis zu fünf Generationen voraus! Der asiatische Kontinent nimmt auf vielen Gebieten des alltäglichen Lebens stetig an Bedeutung zu.

Im Vergleich dazu bröckelt es im Westen, in den USA und der Europäischen Union. Dieser Kontinent zerberstet. Europa – dieses Reich wird uneins sein! Hört zu! *(Siehe Predigt: „Europa und der Antichrist" vom 06.06.2018).* Die Supermächte gehen unmerklich unter! Die Menschen werden dann später einmal sagen: „Was habt ihr denn eigentlich? Es ist doch alles in Ordnung. Die Handelsstraße wurde zwar verlegt, aber die Ware wird uns anderweitig zugetragen. Das stört uns nicht weiter!" Sie werden diesen Umstand für nichtig, unwesentlich und gering erachten und so weiterleben wie bisher. Die Weltmacht Amerikas neigt sich dem Ende zu, ohne dass es die Landesinsassen wahrnehmen! Es findet eine Verwahrlosung der Gesellschaft statt. Fabriken der Großstädte Chicago, Detroit u. a. sind leer, veröden und verrotten. Was die ehemalige DDR bzw. die sogenannten Ostblockstaaten vorzuweisen hatten, ist derzeit in den USA gang und gäbe. Die Welt verändert sich kaum spürbar. Amerika wird von den Wallstreet-Spekulanten beherrscht, gelenkt und gesteuert, denen es nur darum geht, Kapital anzuhäufen und sich zu bereichern.

Nicht nur die Weltmenschen, sondern auch die Christen sind blind. Sie feiern wie Belsazar in Babel und glauben, dass sie „die Fülle des Herrn" erreicht hätte und Sein Segen auf sie hernieder gefallen ist. Aber der Schein trügt! Dieses Konstrukt kann uns schneller genommen werden als wir ahnen. Ein Ausfall des Stromnetzes bzw. der Stromversorgung beispielsweise, zöge verheerende Folgen nach sich! Auf einmal würden Kassen, Computer, Rolltreppen, Garagentore, Klimaanlagen, Kochherde,

Kühlschränke und andere Gegenstände des alltäglichen Gebrauchs ausfallen. Sämtliche wesentlichen und für uns selbstverständlich gewordenen Details wären funktionsuntüchtig.

Ein vortreffliches Bild auf den Westen ist das Gleichnis von dem reichen Kornbauern, der sich damit tröstet, Vorrat für viele Jahre zu haben und zu sich selber spricht: „Seele, jetzt kannst du ruhig dein Dasein fristen." Doch was ist, wenn deine Seele gefordert wird? Was dann? Lies dazu, was nachfolgend geschrieben steht: **Und er sagte ihnen ein Gleichnis und sprach: Es war ein reicher Mensch, dessen Land hatte gut getragen. Und er dachte bei sich selbst und sprach: Was soll ich tun? Ich habe nichts, wohin ich meine Früchte sammle. Und sprach: Das will ich tun: Ich will meine Scheunen abbrechen und größere bauen und will darin sammeln all mein Korn und meine Güter und will sagen zu meiner Seele: Liebe Seele, du hast einen großen Vorrat für viele Jahre; habe nun Ruhe, iss, trink und habe guten Mut! Aber Gott sprach zu ihm: Du Narr! Diese Nacht wird man deine Seele von dir fordern. Und wem wird dann gehören, was du bereitet hast? So geht es dem, der sich Schätze sammelt und ist nicht reich bei Gott (Lk 12,16-21).**

So wird es denen ergehen, die sich, gleich der Narren, auf Expansion ausrichten und nie mit dem zufriedengeben, was sie haben, sondern immer mehr wollen. Sie denken nicht an ihre Seele, die gänzlich unterernährt und unterentwickelt ist. Sie putzen sich die Zähne, frisieren und stylen sich, lassen sich von der Sonne oder im Sonnenstudio bräunen, aber ihre Seele verkümmert! Sie beten nicht, sondern murmeln höchstens flüchtig ein Vaterunser oder ein Ave Maria, wenn ihnen „das Wasser bis zum Hals steht". Vielen ist nicht einmal das Vaterunser geläufig. Jesus sprach zu dem reichen Kornbauern: *„Und wem wird dann gehören, was du bereitet hast?"* Diese Person war fleißig und legte sogar Vorrat an. Der Herr hatte diesen Mann zwar reichgemacht und gesegnet, aber dennoch entwürdigt, denn er gedachte seiner *Seele* nicht! Der Herr spricht, was nachfolgend geschrieben steht: **Denn was hilft es dem Menschen, wenn**

er die ganze Welt gewinnt, aber sein Leben verliert? Oder was kann der Mensch als Lösegeld für sein Leben geben? (Mt 16,26 SLT) Das ist die bittere Wahrheit und Aussage der politisch-prophetischen Themen!

Der reiche Kornbauer vernachlässigte seine Seele! In einem der Sendschreiben lesen wir, was nachfolgend geschrieben steht: **Du sprichst: Ich bin reich und habe mehr als genug und brauche nichts!, und weißt nicht, dass du elend und jämmerlich bist, arm, blind und bloß (Offb 3,17).** Das heißt, dass die besten Predigten, Musiker und Kirchgemeinderäume vorhanden sind, aber die Menschen nicht erkennen, dass sie *„elend und jämmerlich, arm, blind und bloß"* sind! Satan bildete sich im Verlauf der sechstausend Jahre alten Geschichte, denn seitdem ereignete sich viel. Er eignete sich Wissen an, mit dem er die Menschen zum Verderben führt. Jenes Verderben findet nicht durch Kriege, Leiden oder Sünden statt, sondern durch Luxus, Behaglichkeit, Kommerz, Wohlstand, Fülle und Superangebote! Schaut die Supermärkte an! Als ich neulich in der Filiale „Kaufland" war, wurden am Bäckerstand zweihundertachtzig verschiedene Brotsorten angeboten! Wie soll man sich bei dieser Fülle entscheiden? Eine ausgewogene Ernährung ist wichtig! Nicht nur den materiellen, sondern auch den geistigen Aspekt sollte man bedenken, ihm entsprechend leben und nachkommen! Satan versucht, die Menschen durch Bequemlichkeit zu Fall zu bringen! Das findet unmerklich durch Blindheit, Pomp und Lärm statt. Viele halten es ohne Krawall gar nicht mehr aus. Allmählich werden sie taub. Nachdem der Schaden verursacht wurde, gehen sie flüchtig ins Gebet und bitten den lieben Gott um Heilung. Er wird dich nicht heilen, sei getrost. Gott spricht: „Gebrauche das, was du hast!" Das ist zunächst einmal deine Vernunft! Die Menschen werden durch Gemütlichkeit zufriedengestellt und funktionsunfähig gemacht. Nach getaner Arbeit treffen sie zu Hause ein, wollen sich „fallenlassen" und wohlfühlen. Sie schalten das Fernsehgerät ein und werden berieselt. Sie vegetieren dahin! Das Fernsehgerät und andere Medienfabrikate wurden gleichfalls aus dem ostasiatischen Raum bezogen: Sony, Samsung, Toshiba u. a. Satan verdirbt die

Menschen durch gute Tage, nicht durch schlechte! Der Untergang Roms fand bei „Brot und Spielen" statt. Die Welt wird untergehen durch „Brot und Spiele"! Die Unterhaltungsindustrie ist groß und mächtig. Hollywood ist davon nur ein kleiner Teilbereich. Derzeit boomt in Indien das Filmgeschäft und der Medienmarkt pro West.

Die Menschheit ist vergleichbar mit einem Frosch, der in einen Kochtopf gesetzt und mit kaltem Wasser beträufelt wird. Dieser Kochtopf wird auf die Herdplatte gestellt und erwärmt. Die Hitze nimmt zu und es wird unmerklich immer heißer. Zuerst findet es der Frosch behaglich und angenehm, doch auf einmal ist er gegart! So einfach geht das! Satan zerstört die Menschheit durch Bequemlichkeit und Erfolg! Solches wird geschehen! „Der Geist der Isebel" ist das Verderben der Menschheit! Isebel sagte zu Ahab: „Leg dich ins Bett, König. Ich werde das für dich tun." (Siehe 1 Kön 21,7c) Es ist schrecklich, wenn die Computer, Drohnen und Roboter das Kommando übernehmen! Die Leute verblöden von Tag zu Tag mehr! Bald können sie nicht einmal mehr eine Landkarte lesen. Die Navigation wird über Funkwellen von einem Satelliten aus reguliert. Sobald jedoch Schwierigkeiten durch Abhandenkommen von Sonnenenergie auftreten würden, z. B. ein plötzlicher Stromverlust, wird es nicht mehr möglich sein, die außer Kraft gesetzten Solarzellen, die aus den Kraftwerken des fernöstlichen Raums bezogen werden, aufzuladen. Aus dem Wort Gottes geht hervor, **dass die** Sonne ihren Schein verlieren wird (s. Mt 24,29a). Der Verursacher hierfür ist der Mensch! Wie sollte es dann überhaupt noch möglich sein, die Solarzellen aufzuladen? In der Heiligen Schrift ist von massiven Klimaveränderungen die Rede, die das Austrocknen des Euphrats zur Folge haben. Was für ein furchtbares Gericht Gottes wird über uns einbrechen zur Zeit, da dieser gewaltige Fluss von einigen einhundert bis eintausend Metern Breite austrocknet! Die Menschen werden zunehmend hitziger, restlos vereinnahmt und gänzlich „gargekocht". Dabei wird das Wohlbehagen keinesfalls unterbrochen! Wenn dieser Zubereitungsprozess schneller vonstattengehen würde, bestünde die Möglichkeit einer Rettungsaktion. Sie würden „Herr ihrer Lage" werden und entweichen. Auf einmal wäre der Kochtopf leer, da sie den Absprung geschafft und „Satan von der Schippe gesprungen" wären.

Gott zeigte mir während meiner Vorbereitung auf diesen Themenkreis, dass wir aus der Geschichte lernen müssen! Großreiche lösten sich im Nichts auf. Durch Klimaveränderungen und andere Naturkatastrophen gingen sie unter. Jesus spricht hier, was nachfolgend geschrieben steht: **Siehe, ich stehe vor der Tür und klopfe an. Wenn jemand meine Stimme hören wird und die Tür auftun, zu dem werde ich hineingehen und das Abendmahl mit ihm halten und er mit mir (Offb 3,20).** Nur denen, welche bereit sind, wird die Pforte aufgetan! Weiter eröffnete mir der Herr die folgende Botschaft, die ich euch verkündigen soll: Löse dich ganz entschieden von jeglicher „frommen Augenwischerei", von scheinheiligen Vertröstungen und von religiösem Getue! Behaupte nicht: „Ich bin perfekt und vorbildlich! Der Herr schloss mir bereits alles auf! Ich habe alles, was ich brauche!", wie aus dem Wort Gottes hervorgeht, das nachfolgend geschrieben steht: **Du sprichst: Ich bin reich und habe mehr als genug und brauche nichts! (Offb 3,17a)** Du bist nackt, bloß und jämmerlich! Das weißt du nur noch gar nicht! Das ist das Problem! Die meisten wissen es nicht! Plötzlich machst du die Augen auf und siehst, wie die anderen, die es gar nicht wert sind, ausführen, was eigentlich für dich bestimmt war! Während der Zeit der Jesus-People-Bewegung lud mich ein alter, pietistischer Bruder ein und sagte: „Wissen Sie, Bruder Matutis, *wir* betagten Brüder im Herrn sollten eigentlich als die reifen, erwachsenen und mündigen Christen so glühend und brennend im Herrn sein, wie heutzutage die jungen Hippies, die sich, gerade herausgekommen aus der Rauschgift- und Drogenszene, dem Herrn im Glauben zuwenden. Sie beten, singen, loben und preisen Gott. Doch wir „Väter und Mütter in Christus" verschlafen die Zeit und merken nicht, dass der Herr dann andere erwählt! Wir verpassen den Anschluss!" Wir sollten darum bemüht sein, nicht den Anschluss zu verpassen! Merkst du nicht, wie du „gargekocht" wirst? Viele sind schon geimpft und haben nicht einmal gemerkt, dass sie dadurch einen Chip in sich tragen.

Das Nächste, was über uns hereinbricht, ist das Malzeichen des Tieres. Viele werden geimpft und sagen: „Wir müssen diese Impfung über uns ergehen lassen!" Dieser Chip ist nicht größer als ein Samenkorn! Pass auf! Lass dir nichts weismachen, damit dir das nicht widerfährt! Sie tragen einen Chip in sich und sind bereits verseucht und vergiftet. Wir haben den Heiligen Geist, der uns führt und leitet. Jesus sprach: „Ihr seid in der Welt und müsst in der Welt bleiben. Ihr werdet nicht hinweg genommen, aber ich werde euch den Tröster senden (s. Joh 16,7c). Ich werde euch den Heiligen Geist (s. Apg 1,8a) verleihen! Dieser Geist soll euch zu meinen Zeugen (s. Apg 1,8b) machen!" Viele tragen Kleider aus China und Bangladesch, ihre Kinder spielen vergnügt mit Spielsachen „Made in China", und dennoch bemerkten sie nicht, dass die Chinesen längst im Land sind.

Der Herr spricht, was nachfolgend geschrieben steht: **<u>Wahrlich, ich sage euch: Dieses Geschlecht wird nicht vergehen, bis solches alles geschieht (Mt 24,34).</u>** Gemeint ist die Generation, die z. B. die Entstehung des Staates Israel und andere verheerende Ausmaße und Katastrophen erfuhr. Wir sind kurz vor diesem Ende der Zeit angelangt! Alles komprimiert und verdichtet sich und läuft geradewegs auf dieses welterschütternde Ereignis zu! Tag und Stunde weiß keiner. Weder Seine Propheten, Diener und Mägde, noch die Engel im Himmel, noch der Sohn Gottes, der über sie gesetzt und dessen Name Jesus Christus ist, sondern allein der HERR. Es wird so sein, wie es sich während der vorsintflutlichen Zeit zutrug. Das Wort des Herrn, welches gemäß der Überlieferung aus der Heiligen Schrift offenbar wurde und nachfolgend niedergeschrieben steht, wird abermals verkündigt: **<u>Und wie es geschah in den Tagen Noahs, so wird's auch sein in den Tagen des Menschensohns: Sie aßen, sie tranken, sie heirateten, sie ließen sich heiraten bis zu dem Tag, an dem Noah in die Arche ging und die Sintflut kam und brachte sie alle um (Lk</u>**

<u>**17,26f.).**</u> Sieh, wie oft heutzutage Ehen geschlossen und bald darauf wieder geschieden werden. Sie achteten Seiner gering, bis die Sintflut kam und sie mit sich riss! So wird es beim Kommen des Menschensohns sein! Sie werden es nicht merken! Jesus kommt „in den Wolken mit Posaunenschall". Die ganze Welt erzittert dann vor Ihm! Jesus spricht weiter, was nachfolgend geschrieben steht: **<u>Dann werden zwei auf dem Felde sein; der eine wird angenommen, der andere wird preisgegeben. Zwei Frauen werden mahlen mit der Mühle; die eine wird angenommen, die andere wird preisgegeben (Mt 24,40f.).</u>** Deshalb solltest du dich fragen: „Was wird mit mir geschehen?" Werden wir weggenommen oder bleiben wir? Es ist bald *„Schluss mit lustig"*! Ich habe noch eine Menge zu verkündigen! Wenn ich an die prophetischen Inhalte denke, dann stelle ich fest, dass uns noch sehr viel bevorsteht. Ein Buch mit dem Titel *„Unser Jahrhundert im Bild"* ist mit einer Karikatur versehen. Jemand ruft laut „Erwache!", und eine Person, die am Fenster Platz genommen hatte, erwidert: „Ich schlafe doch schon seit dem Jahr 2014 nicht mehr!" Die Völker bekriegen sich. Die beiden Weltkriege fanden statt und vieles Katastrophale! Diese Person kann nicht mehr einschlafen! Wie geht es dir? Kannst du noch schlafen?, oder ist dir auch klar, dass da irgendetwas „in der Luft liegt".

Komme in die nächsten Gottesdienste oder höre diese Predigten. Mein Herz ist voll von den politischen Ereignissen der Endzeit! Ich befasse mich mit diesen Themengebieten, weil das für mich wichtig ist. Ich werde mich hüten, „blind zu fahren". Ich gehe mit offenen Augen durchs Leben, beobachte die weltweiten Entwicklungen, nehme sie wahr und betrachte sie ernsthaft, auch wenn mir nur eine bestimmte Zeit der Übermittlung zur Verfügung steht. Das, was ich tun kann, werde ich wenigstens umreißen, und was fehlt, wird der Heilige Geist noch hinzufügen. Davon bin ich felsenfest überzeugt. Wenn die Zeit reif ist, wirst du wie von selbst feststellen, dass dir solches bereits hier im Gottesdienst zu Ohren kam. Höre diese Predigten in unserem Gemeindezentrum oder höre sie über das Internet. Bewahre sie, denn vielleicht gibt es eines Tages keine Übertragungsmöglichkeiten mehr. Wie gut, wenn du dann eine gebrannte CD zu Hause hast! Ich bin sehr dankbar, denn wir wurden einst von Computerhackern überfallen. Beinahe sämtliche Predigten wurden zerstört. Glücklicherweise hatte ein Bruder aus der Schweiz, den ich an dieser Stelle segnen möchte!, mehr als dreihundert Predigten kopiert. Er sandte uns die Aufzeichnungen zu, und wir konnten unsere Homepage neu bestücken. Satan setzt alles daran, dass du Predigten wie diese nicht hören kannst. Er will nicht, dass Menschen vor dem falschen Propheten, dem Antichristen und der Hure Babylon gewarnt werden. Doch Gott gab mir den prophetischen Auftrag, Sein Wort zu predigen. Der Platz hinter diesem Pult ist derzeit meine Kanzel, an der ich stehe und weltweit verkündige, was Gott mir befahl. Vieles verlieh Er mir während ich betete und fastete. Einmal hungerte ich vierzig Tage, und zwischenzeitlich mehrere Male zehn- bis zwanzig Tage. In dieser Zeit des Fastens und Betens eröffnete mir der Herr Sein Wort und bereitete mich zu. Kind Gottes, wache auf! Es ist später als du denkst!

Mit einer kleinen, netten Geschichte ende ich: Als ich in Weinsberg bei Heilbronn in einer Psychiatrie war, um dort jemanden zu besuchen, begegnete ich auf dem Parkplatz einer Person, die mich nach der Uhrzeit fragte. Ich sah auf die Uhr und beantwortete deren Frage. Kurz darauf befand ich mich an der Rezeption, als ich von derselben Person abermals nach der Uhrzeit gefragt wurde. Dasselbe fand statt: ich teilte ihr die Uhrzeit mit. Nachdem ich meinen Besuch beendet hatte, begegnete ich dieser Person wieder, die mich nun schon zum dritten Mal fragte, wie spät es denn eigentlich wäre. Nachdem ich ihr wieder die Uhrzeit mitgeteilt hatte, sagte sie: „Mein Herr, es wird immer später!" Dieses Ereignis war für mich „eine Predigt für sich selbst"! Kinder und Narren sagen immer die Wahrheit! Diese Person inspirierte mich, einmal über die Endzeit zu predigen. Sie teilte mir mit, dass es immer später werden würde. Das Uhrwerk ist unaufhaltsam! Der Herr legte die Zeit fest! Nur Er weiß Tag und Stunde, und sonst keiner (s. Mt 25,13b). Einige Völker wurden für ein besonderes Ereignis bestimmt! Es wird genau so sein, wie Gott es beschloss!

Gebet: Himmlischer Vater, ich danke Dir, dass wir in dieser Zeit leben dürfen! Es ist eine spannende, aufregende und bewegte Zeit. O Gott, ich bin zutiefst ergriffen über diese vielen Ereignisse, die gerade derzeit passieren. Ich richtete meinen Fokus heute auf den Fernen Osten. Es fasziniert mich, dass sich Dein Wort, o Herr, vor meinen Augen erfüllt, und dass ich zu der Generation gehören darf, die das alles erlebt und erfährt! Wir dürfen dabei sein bei diesen weltverändernden, erschütternden Prozessen, die nacheinander alle stattfinden. Herr, ich danke Dir dafür, dass ich das alles miterleben darf, und ich weiß: Du kommst bald, Herr Jesus – Maranata! Amen

Teil 2

Predigt von Pastor Joh. W. Matutis

„Syrien in der biblischen Prophetie"

Heute werde ich über Syrien sprechen; Syrien in der Prophezeiung der Bibel. Syrien ist ein altes Volk. Damaskus ist eine uralte Stadt, sogar eine der ältesten Städte der Welt, genauso wie Jericho. Jericho wurde zerstört im Gegensatz zu Damaskus. In der Bibel findet diese Stadt mehrmals Erwähnung, denn Abraham holte ehemals seinen Knecht Eliëser von dort, dem er beinahe seinen gesamten Besitz vererbt hätte. Doch vor allem: In Syrien lebte Abraham! Dort empfing er seine Berufung! Dort fand seine Begegnung mit Gott statt. Dort wurde er gesegnet und weitergeführt durch das Gelobte Land. Das geschah nicht in Ur in Chaldäa, sondern in Syrien! Das nur nebenbei zu eurer Information.

Wir hatten unlängst gute Botschaften *(siehe die Predigten: „Europa und der Antichrist" vom 06.06.2018 und „Deutschland in der biblischen Prophetie" vom 08.06.2018).* Wir sind ein Teil des Gesamtgeschehens. Bundeskanzlerin Merkel mischt sich immer mehr in politische Angelegenheiten ein. Heute erklärte sie, dass Baschar al-Assad abdanken müsse, da es so nicht weitergehen könne. Mit aller Macht wird versucht, Politik zu betreiben, und zwar durch das G7-Treffen. Syrien ist ein Problem! Der Westen verlor die Schlacht, aber trotzdem geht die Schlacht weiter, da der HERR mit Syrien noch etwas vorhat.

Am nächsten Sonntag werde ich ein wichtiges Thema behandeln *(siehe Predigt: „Du stehst vor deiner Erlösung" vom 10.06.2018).* Das heißt, dass dir die Wiederkunft Jesu bevorsteht! Das nächste große Weltereignis wird „die Entrückung der Gemeinde Jesu" sein, in aller Liebe und Freiheit gesagt. Plötzlich kommst du in den Gottesdienst und die Tür ist verschlossen. Keiner ist mehr da.

Syrien in der Prophezeiung der Bibel: Syrien ist an der Frontlinie gegen die Neue Weltordnung, denn diese Nation ist eine der letzten Bastionen gegen sie. Libyen fiel,

Muammar al-Gaddafi war dagegen! Die gesamte arabische Welt durchkreuzte die Pläne der Neuen Weltordnung! Man wollte Syrien genauso niedermetzeln wie Muammar al-Gaddafi und Saddam Hussein im Irak!

Das Problem ist, dass Syrien über eine eigene Notenbank verfügt, die sich im Regierungsbesitz befindet. Die Regierung wacht darüber!, also nicht Amerika oder der Internationale Währungsfonds. Die Notenbank Syriens gibt das Geld für die Menschen ihres eigenen Landes aus! Den Rothschilds, Freimaurern und globalen Bänkern, welche Geschäfte initiieren und alles aufkaufen, ist jeglicher Zugriff darauf verwehrt! Das sind diese, welche zuerst Geld geben, aber im Nachhinein kassieren! So ist Satan!, er gibt einhundert Euro und nimmt im Anschluss daran eintausend weg! Nationen, die sich verschulden, geraten in Krisensituationen, denkt nur an Griechenland. Dort wird alles verhökert und verkauft.

Syrien mit dem Staatsoberhaupt Baschar al-Assad stellt sich konsequent gegen dieses Wucher-System! Er ist einer der letzten Machthaber nach Muammar al-Gaddafi und Saddam Hussein, der sich von den Bänkern nicht erpressen lässt! Syrien stellt sich entschieden gegen den Dollar-Wucher und ist schuldenfrei gegenüber dem Internationalen Weltwährungsfonds. Keine Schulden zu haben und schuldenfrei zu leben, ist gut! Man kann dann hervorragend leben! Die meisten Bürger unseres Landes sind verschuldet. Sämtliche Fahrzeuge sind auf Kredit gekauft, geliehen und verzinst. Die Bänker haben ihre Kunden in ihrer Gewalt. Doch Syrien lässt sich nicht kontrollieren, ausplündern und enteignen von diesen globalen Mega-Banken und Macht-Eliten. Das sind die wahren Hintergründe für den Krieg im Irak. Weder der „böse" Saddam Hussein noch Baschar al-Assad noch andere Machthaber, die sehr viel Gutes für ihr Land taten, sind dafür zur Rechenschaft zu ziehen! In Libyen beispielsweise wurden keine Stromkosten erhoben. Zur Hochzeit erhielt jedes Ehepaar fünftausend Dollar Start-Proviant. Wo gibt es denn heute noch so etwas? Da gab es erhebliche Vorurteile, denen man Einhalt gebot. Deshalb wurde Muammar al-

Gaddafi des Landes verwiesen und Libyen zerstört. Wahre islamische Staaten lehnen das Recht der Zinspraktiken westlicher Banken ab. Sie sagen: „Geld zu nehmen, das ist unmoralisch!" So war es in Libyen und so ist es derzeit in Syrien, so war es im Irak, und so ist es heutzutage in Iran. Deswegen kämpft man gegen diese Nationen ganz entschieden. Dieser Kampf wird von den Banken, Versicherungen und Geldgebern gelenkt und gesteuert.

In Syrien ist das genmanipulierte Saatgut, das dem öffentlichen Markt preisgegeben wird, nicht zugelassen! Die Einwohner dürfen selbst ihr Saatgut produzieren! Ich möchte keinesfalls etwas beschönigend darstellen oder Präsident al-Assad belobigend erwähnen, denn alle Politiker sind korrupt. Aber ich möchte begründen, was gerade in unserer Zeit dort geschieht, und warum Krieg herrscht. Der Präsident al-Assad sorgt für die Nahrungsmittelkette und stellt sicher, dass die Landesinsassen keine genmanipulierten Nahrungsmittel essen. Sie können die im Landesinneren hergestellten Produkte verzehren. Doch das widerstrebt den Konzernen! Diese haben es darauf abgesehen, die Leute zu vernichten, und ich weiß, was das bedeutet, da ich selbst einmal diesem Schwindel aufsaß und Hilfsgüter nach Russland transportierte. Damals rief mich der Nestle-Konzern an und fragte nach: „Pastor, wir haben gehört, dass Sie Hilfsgüter nach Russland bringen. Sie könnten Milchpulver" – es waren über acht Tonnen! – „nach Russland fahren, denn unser Wagen ist blockiert. Bitte helfen Sie uns. Wir schenken Ihnen alle Produkte. Die Ware steht zum Abtransport bereit!" Meine Freude war übergroß! Ich transportierte diese Hilfsgüter nach Russland! Später legten mir diese Mütter nah, dass dieses Nahrungsmittel wunderbar sei, da sie nun nicht mehr dafür verantwortlich wären ihre Kinder zu stillen! Hernach sprach ich mit einer Person, die mir zu bedenken gab, dass Muttermilch mit Abstand das Beste sei, was Säuglinge bekommen könnten! Künstliche Nahrung hingegen sei eine Schande! Dahinter steckt ein System! Konzerne verabreichen dieses Pulver, damit die Säuglinge *vor* der Zeit entwöhnt werden. Wurde das erst einmal vollzogen, lehnen sie die Muttermilch ab. So arbeiten die Konzerne! Wenn du nicht aufpasst, wirst du abhängig und süchtig gemacht!

In Syrien weiß man genau, dass der Konzern Monsanto versucht, sowohl die Weltherrschaft als auch die gesamte Nahrungskette zu kontrollieren. Der hier ansässige Chemiekonzern Bayer AG kaufte den eben erwähnten Konzern auf und trat die Nachfolge an. Die nächste globale Krise wird eine Ernährungskrise sein. Man wird nicht mehr nur um Öl kämpfen, sondern es wird fortwährend um Nahrungsmittel und Wasser gehen. Syriens Bevölkerung befindet sich im Widerstreit mit der Neuen Weltordnung. Die Syrer sind darüber sehr gut informiert, im Gegensatz zu unseren Staatsbürgern, die sich von den Medien beeinflussen und beirren lassen. Wir werden von den Meinungsmachern wie z. B. RTL, ARD und ZDF sehr stark manipuliert! Diese Sender sind miteinander verknüpft und werden von höchster Staatsgewalt geführt, gelenkt und geleitet! Die Leute in Syrien haben sich ihre eigene Meinung gebildet. Es gelingt nicht, ein Volk zu beherrschen, das noch seine *eigene* Meinung vertreten kann. Die Menschen in Syrien begriffen, dass die wirkliche Macht im Westen weder vom Regierungsparlament, dem Weißen Haus in Washington, ausgeht, noch von der Downing Street oder den Parlamenten der verschiedenen Nationen, sondern von den Netzwerken und Denkfabriken der Eliten Bilderberger, der Freimaurer u. a. Diese Machtzentralen arbeiten auf weltpolitischer Ebene eng mit den Mega-Banken, den Medien, den Universitäten und dem Militär zusammen! Es sind multinationale Unternehmen, welche die Staaten außer Kraft setzen! Von ihnen geht die Macht aus! Die staatlichen Institutionen und Machthaber verfügen über keinerlei Kompetenz! Sie sind gleich der Schachbrettfiguren! Sobald sie ein Bündnis ablehnen, lässt man sie fallen.

Syrien wagte es, sich offen gegen diese Geheimgesellschaften auszusprechen. Dieser Staat lässt sich nicht erpressen! Heutzutage musst du wissen, wie man *„gegen den Strom schwimmt"*. Weder irgendwelche Banken, Regierungen, Parteien noch Vereine oder Organisationen sollten dich beeinflussen können! Syrien besitzt ein gewaltiges Öl- und Gasfeld. Dort befindet sich ein großes Reservoir an Bodenschätzen, über das sie verfügen. Diese Öl- und Gaskapitalanlage möchten andere besitzen. Wann immer der Westen in den Krieg zog, ging es weder um Menschenrechte noch um Freiheit und Demokratie, sondern um das Öl! Das war der wahre Grund der Auseinandersetzung! Dasselbe findet in Tunesien, Libyen, dem Irak und anderenorts statt, wo man über die Pipeline verfügt, die derzeit die Auseinandersetzung in Syrien bestimmt. So verhält es sich in Kuwait, auf den Falklandinseln und in Afghanistan. Es geht um die Bodenschätze, in erster Linie um das Öl. Syrien ist gerade mit dem Bau einer Pipeline von Iran zum Mittelmeer beschäftigt, damit die Versorgung nach Westen hin sichergestellt werden kann. Es ist klar, dass man dort seine Macht durch Kontrolle ausübt. Iran will seine Öldepots in den Westen transferieren, schließt jedoch die westlichen Ölgiganten Shell, BP, ESSO und deren Partnergesellschaften aus. Diese Konzerne üben ihre Macht aus, denn Öl bzw. das Geld *ist* eine Macht! Die Welt wird vom Geld regiert. Fußball entwickelte sich zu einem Commerz-Business! Kirchen, politische Institutionen und das Militär werden von dem Geld gesteuert und gelenkt. Alle Vorhaben sind nur durchführbar mit Geld. Geld ist Macht. Jesus spricht, was nachfolgend geschrieben steht: **Niemand kann zwei Herren dienen: Entweder er wird den einen hassen und den andern lieben, oder er wird an dem einen hängen und den andern verachten. Ihr könnt nicht Gott dienen und dem Mammon (Mt 6,24).**

Syrien entschied sich ganz klar und eindeutig gegen den Zionismus und bekannte sich öffentlich dazu. Die Landesinsassen behaupten, dass Israel ein Fremdkörper in ihrer Region wäre. Was auch immer die Gründe für diese Behauptung sind, ich sage hier freiweg heraus: Israel wird gemäß der Bibel zerstört, und erst im Nachhinein wird der Herr dem Volk die Augen öffnen. Erst nachdem das stattfand, wird es den wahren Messias erkennen. Jener „Messias", der sich in Jerusalem in den Tempel setzt, wird gemäß der Heiligen Schrift der Antichrist sein (s. 2 Thess 2,4). Die Juden werden keinen Heiden aus den Nationen aufnehmen, sondern einen aus ihren Reihen. Dieser wird sich als Gott ausgeben und versuchen, das jüdische Volk zu beherrschen (s. 2 Thess 2,9). Dann tritt das Übel hervor. Doch wehe, denn dann ist es zu spät! „Und sie erkannten Ihn nicht!" Jesus sprach, was nachfolgend geschrieben steht: **Ich bin gekommen in meines Vaters Namen, und ihr nehmt mich nicht an. Wenn ein anderer kommen wird in seinem eigenen Namen, den werdet ihr annehmen (Joh 5,43).** Der Präsident al-Assad kritisiert diese kriminellen Praktiken der Israelis gegen die Palästinenser scharf!

Kürzlich wurden wieder Immigranten erschossen, die ausbrechen wollten. Als ich selbst einmal mit meiner Reisegruppe in Israel nahe der Wüste Negev eintraf, da wir uns verfahren hatten, stießen wir plötzlich auf ein mit Maschendraht umzäuntes Lager, in dem Personen mitten in der sengenden Sonne auf dem Boden kauerten. Wir stießen auf ein Gefangenenlager mitten in der Wüste! Israel ist eigentlich nichts anderes als ein gewaltiges Konzentrationslager. Menschen aus Gaza werden gefangengehalten! Sie werden zwar am Leben gelassen, dürfen aber weder ins Landesinnere noch entrinnen. Israel verwaltet heute ein Mega-KZ wie Auschwitz oder Buchenwald! Millionen Palästinenser werden misshandelt, gedemütigt und ermordet! Es ist ihnen nicht vergönnt, jemals wieder in ihre Geburtsstadt oder in ihr Heimatland zurückzukehren! Diese Zustände sind katastrophal! In Syrien ist einer der letzten Machthaber, der sagt: „Haltet ein! Das verstößt gegen die Menschenrechte!" Es geht um Demokratie! Du erfährst mehr Freiheit in Syrien, dem Iran und derartigen Länderreihen als in Israel, denn dort darfst du deine Meinung niemandem nahelegen! Niemand dort will etwas von dem hören, was du sagen willst, sollst und musst! Gaza lehnt sich entschieden gegen den Westen auf und gehorcht den Mächten, die sie zu kontrollieren suchen, nicht. So war es bei Saddam Hussein und bei Muammar al Gaddafi, und so ist es derzeit auch im Iran. Dort lässt sich keiner beirren! Das Volk vertritt seine eigene Meinung und hat eine tiefe Überzeugung von der dortigen Rechtslage!

In Syrien gilt es als unhöflich, Menschen nach ihrer Religion zu fragen. Das möchte ich hier ganz besonders betonen! Jesus sprach aramäisch. Die syrische Sprache war die Sprache des Herrn und des Volkes Gottes! Diese Region war damals wie heute voll von religiösen Menschen, die dort seit Jahrhunderten und Jahrtausenden ansässig waren. Diese Vielvölkerreligion ist für den Westen unverständlich, denn die Menschen dort vertreten ein und dieselbe Meinung, Ansicht und Tradition. Auch während der Kriegszeit gab es diese vielen Nationen, welche versuchten, die ISIS zu vertreiben.

Durch diese Entwicklungsprozesse wurde Syrien beigebracht, behutsam und tolerant mit anderen Religionen umzugehen. Wir können denken, was wir wollen, aber diese Geschichte will akzeptiert sein. Sie spricht für sich selbst. Das ist ein Fakt, der in den prowestlich gesinnten arabischen Scheichtümern nicht vorkommt. Ich denke nur an Saudi Arabien. Dort darfst du weder die Bibel in der Tasche noch ein Kreuz als Halskette tragen. Diese extremen prowestlich orientierten Staaten werden von Amerika für gut geheißen und unterstützt! In Syrien war es bisher möglich, jeden zu akzeptieren, der friedliche Absichten hatte. Jedem war es vergönnt, *„nach seiner Fasson selig zu werden"*. Man hatte Respekt. Niemals würde ich das hier vor Ort verkündigen, wenn ich solches nicht am eigenen Leib erfahren hätte. In Pakistan sowie in den muslimischen Regionen begegnet man Christen mit Respekt. In einem Stadion von Pakistan predigte ich vor einem Dreizehntausend-Personen-Publikum und hatte keine Probleme. Nur wer ketzerisch ist und hetzt, bekommt Ärger. Während eines Aufenthaltes in Indien erhielt ich einen Anruf von einer Person, die mir sehr nahestand. Sie fragte mich, ob ich noch am Leben sei, weil in meinem Umkreis ein Pfingstprediger erschossen worden sei. Ich fragte die dort ansässigen Christen: „Sagt mir einmal, was war das eigentlich für ein Mensch, den man da erschoss?", und ich erfuhr, dass er ein Extremist war. Er nötigte einen Imam, der gerade dabei war die Gebetszeit auszurufen, dadurch, dass er exakt zur gleichen Zeit das Vaterunser vorlas.

Er sagte sich: „Was er kann, das kann ich auch!", positionierte die Lautsprecher und fuhr fort zu beten. Der Bürgermeister sprach ihn freundlich an, warnte ihn diskret und sagte: „Mein Herr, Sie dürfen predigen!, aber nicht gerade jetzt, da dieser Imam etwas zu verkündigen hat." Doch er schlug die Bitte aus, predigte gewissermaßen als Gegenaktion weiter und wurde kurzerhand von einer Person hingerichtet, die ihn für den Satan hielt. So etwas geschieht, wenn man auf sein Recht beharrt und nicht bereit ist, nachzugeben. Jeder sollte die Möglichkeit haben, seinen Glauben zu entfalten! Ob dieser richtig oder falsch ist, das sei einmal dahingestellt.

Die USA und die Europäische Union reagieren falsch. Da ist eine Tendenz antiislamischen Verfolgungswahns; eine Islamophobie, die von den Eiferern verursacht wird! Das gleiche finden wir bei den Christen vor, die behauten, dass nur sie *„die allein seligmachende Kirche"* seien. Ich sage dazu entschieden Nein! Gott hat viele Menschen auf dieser Welt; verschiedene Rassen und verschiedene Kulturen! Jede Nation, die den Herrn fürchtet, ist Ihm angenehm (s. Apg 10,35). Als die Türken vor Wien standen, predigte der Reformator Martin Luther: „Ihr Katholiken! Die Moslems sind viel christlicher als ihr. Sie beten fünfmal am Tag und leben ihren Glauben aus, doch was macht ihr? Ihr lauft dem Papst hinterher!" Aufgrund dieser Verkündigung bezeichnete man Martin Luther als den Türken-Freund.

Syrien schirmt sich gegen die angesteuerte Weltregierung ab. Russland stand dieser Nation wohlwollend zur Seite. Gott sei Dank. Beide Länder lehnten diese Einheitszivilisation nebst der westlichen Mega-Werte wie Coca Cola, Jeans u. a. ab, und sie wollten ihre eigenen Produkte auf den Markt bringen. Bei einem Rundgang durch die Innenstadt fallen dir dort sofort die exakt in einem Karree angeordneten Einrichtungen auf: McDonald's, Burger King, Sparkasse, Tchibo u. a. Das ist ein einziger „Einheitsbrei"! Genau diese bunte Vielfalt verurteilt Syrien und spricht sich dagegen aus: „Das ist eine vereinheitlichte, kontrollierte Welt!" Heute existiert ein revolutionäres Denken im Westen. Die Jugend besteht nur noch aus Smartphone,

Coca Cola oder Pepsi Cola. Gerade das lehnte das syrische Staatsoberhaupt al-Assad ab. Diese Probleme wollte er gar nicht erst in seinem Land haben! Wenn Syrien fallen würde – und das sage ich jetzt ganz bewusst, denn laut der Heiligen Schrift fällt Syrien nicht! –, dann wäre der Weg für die Neue Weltordnung frei. Dass Syrien fällt, wollen sowohl unsere Kanzlerin als auch die westlich-europäischen Allianzen und Politiker! Dadurch wäre nämlich der Weg zur Neuen Weltordnung frei und die Frontlinie gegen dieses System beseitigt.

Doch zurück zur Heilsgeschichte. In Syrien, genauer gesagt in Haran, lebte Abraham, der Vater des Glaubens, so lange, bis sein Vater Terach gestorben war. Erst dann ging es mit ihm weiter, denn der Herr rief ihn aus Ur in Chaldäa heraus, mit den Worten, die nachfolgend geschrieben stehen: **<u>Und der HERR sprach zu Abram: Geh aus deinem Vaterland und von deiner Verwandtschaft und aus deines Vaters Hause in ein Land, das ich dir zeigen will (1 Mose 12,1).</u>** Doch er nahm seinen Vater Terach mit auf die Reise! In Haran fand seine Berufung statt. Hier in Syrien zu Haran begann der Glaubenskampf, die Heils- und Offenbarungsgeschichte, die Geschichte unseres Vaters Abraham! Das erfährst du, wenn du deine Bibel gründlich studierst. Syrien hat sehr viel mit der Heilsgeschichte zu tun! Wir erfahren während des Studiums der Apostelgeschichte, dass in Damaskus und Antiochien die Jünger Jesu überhaupt erst „Christen" genannt wurden! Exakt in dieser Region begann die Weltmission!, da der Heilige Geist sprach: *„Sondert mir aus Barnabas und Saulus zu dem Werk, zu dem ich sie berufen habe."* (Siehe Apg 13,2) Der Missionar Paulus trug das Evangelium von Antiochien aus zu den Heiden! Deshalb hat Satan eine große Wut auf Städte und Länder, die das Reich Gottes errichtet, begründet und gefestigt haben! Denn daraus geht es hervor! Genauso Deutschland! Gestern sprach ich darüber. Der Teufel wütet wider Deutschland, denn hier übersetze Martin Luther die Bibel! In Deutschland wurde die Reformation und die damit einhergehende Spaltung der Katholischen Kirche ausgelöst. Deshalb sieht es Satan auf Deutschland ab! Deutschland soll zerstört werden! Deutschland soll zerstreut werden! So ähnlich verhält es sich jetzt auch mit Syrien. Dort begann die Heilsgeschichte! Es ist kein Zufall, dass dieses Land jetzt so bekämpft wird! Russland griff in Syrien ein und durchkreuzte die Pläne des Antichristen. Hört diese Botschaft nach! Das empfehle ich.

Israel wurde zu Großisrael gekürt, das vom Nil bzw. Mittelmeer bis zum Euphrat reicht! Dieser Plan existiert in den Köpfen der Israeliten! Aber dieses Vorhaben wird nicht auf zionistische Art und Weise bewirkt! Der HERR greift ein! Dergleichen wird geschehen, aber nicht durch menschliches Wirken wie Kapitalanhäufung, Landkauf o. Ä., sondern durch das Wirken Gottes. Großisrael soll eine Ausdehnung vom Euphrat bis zum Nil erfahren. Deutschland soll gerichtet werden! Darum schickt man jetzt die Flüchtlinge ins Landesinnere. Überlegt einmal, was dadurch passiert! Warum schickt man sie nicht nach England, Amerika oder Saudi Arabien zu ihresgleichen? Man schickt die Flüchtlinge aus den Krisengebieten kurzerhand nach Europa, und hauptsächlich nach Deutschland! Diese permanente Uneinsichtigkeit unserer Kanzlerin ist nicht nur ein Zeichen von Unbedarftheit, sondern Ausdruck einer hochverräterischen Einstellung! Unser Volk wird verraten und verkauft! Man arbeitet am Untergang unseres Volkes durch Vermischung! Es gelangen überwiegend junge Männer zwischen achtzehn und vierzig Jahren, die sich im zeugungsfähigen Alter befinden, in unseren Raum, mit der Absicht, die Völker zu vermischen! Satan will die Vermischung der Nationen! Unsere Bundeskanzlerin arbeitet ganz entschieden im Auftrag der Neuen Weltordnung, denn sonst könnte sie ihre Ziele gar nicht verwirklichen. Bei alledem steht die Springer-Presse hinter ihr, die sie unterstützt, warum auch immer.

Ich möchte gern noch ein bisschen tiefer in die Geschichte eintauchen und weiter zurückgehen. Heinrich Heine schrieb in seinem Gedicht „Deutschland. Ein Wintermärchen" über die Weber. Es enthält u. a. die folgende Textpassage:
„Deutschland, wir weben dein Leichentuch, wir weben hinein den dreifachen Fluch –

wir weben, wir weben!" Ein dreifacher Fluch wird in dieses Leichentuch eingewebt! Was bedeutet das? Damit ist der Erste und der Zweite Weltkrieg gemeint, und auch der Dritte ist schon mit eingewebt! Deutschland soll untergehen, aber solange Syrien noch existiert, wird diese Tendenz verhindert!

Immigranten werden ins Landesinnere befördert! Jener, welcher unlängst das vierzehnjährige Mädchen namens Susanne ermordet hatte, konnte problemlos aus Deutschland fliehen! Nachdem er nebst seiner achtköpfigen Familie im Irak Unterschlupf gefunden hatte, konnte er wider Erwarten gefangengenommen und in das Land, in dem er die Tat vollzog, ausgeliefert werden.

Es wird nicht mehr lange dauern, da werden die Flüchtlinge, die sich in Deutschland aufhalten – das sind u. a. eingeschleuste Söldner der IS sowie der CIA –, den angekündigten Bürgerkrieg hierzulande in Kraft setzen!, denn sie sind derzeit schon in sogenannten Ankerzentren untergebracht. Diese Ankerzentren sind nichts anderes als Kasernen. Leute aus Syrien werden missbraucht, und sie werden gebraucht. Soviel vorab zu unserem Umfeld; zur weltpolitischen Lage.

Damaskus ist, wie bereits erwähnt, eine der ältesten Städte der Welt. Jericho ist ebenso alt. In den Tagen Abrahams war sie bereits ein durchgehend besiedeltes, angesehenes Anwesen inmitten einer Wüste. Dort nahm das heilsgeschichtliche Geschehen seinen Anfang! Dort fand die Bekehrung des Saul von Tarsus statt! Dort war eine Gemeinde! Die in der Heiligen Schrift erwähnte Gerade Straße, in der Paulus einquartiert (s. Apg 9,11a) war, existiert heute noch in Damaskus! Damaskus war die erste nichtjüdische Stadt, welche Jesus als den Sohn Gottes anerkannte! Paulus predigte in Vollmacht von Jesus Christus, wie im Wort des Herrn gemäß der Überlieferung aus der Heiligen Schrift offenbar wurde und nachfolgend niedergeschrieben steht: **<u>Und alsbald predigte er in den Synagogen von Jesus, dass dieser Gottes Sohn sei</u> (<u>Apg 9,20).</u>** Damaskus ist die Stadt, in der Jesus Christus zum ersten Mal als Sohn Gottes proklamiert wurde! Sie wurde in der Geschichte der Menschheit niemals total zerstört! Sie lag nie so in Trümmern wie andere Städte.

In der Bibel gibt es mehr als zweieinhalbtausend Prophezeiungen. Davon erfüllten sich bereits etwa zweitausend! Ja, diese Vorhersagen erfüllten sich! Über das Land Israel: Während meines Israel-Aufenthaltes quartierte ich mich auf der gegenüberliegenden Seite des Ölbergs mit Blick zum Tempelberg ein. Mein Nachbar war ein alter Rabbiner aus Russland mit einem langen Bart, der jeden Morgen demütig auf das Goldene Tor blickte. Als ich ihn fragte, warum er denn eigentlich hier sei, erwiderte er, dass er extra angereist sei, um mitzuerleben, wie das Goldene Tor aufgetan werde. Denn dann, so sprach er, wisse er, dass der Messias gekommen sei. Die Juden warten auf den Messias, aber der falsche wird sich in den Tempel setzen! In jenen Tagen, da Gott die Völker richten wird und sie erfahren müssen, dass der Antichrist der ihnen nicht verheißene, falsche Messias ist, wird das im Wort Gottes Verkündigte geschehen, wie nachfolgend geschrieben steht: **An diesem Tag schrumpft Jakobs Pracht erbärmlich ein, das Fett seines Leibes schwindet dahin (Jes 17,4 NeÜ).** An jenem Tag, da das göttliche Gericht von Norden her Israel überkommt, schrumpft es; *„das Fett seines Leibes schwindet dahin".* Das bedeutet soviel wie, dass plötzlich dieses Volk „in sich gehen" wird!

Die Geschichte wiederholt sich immer wieder in all den Jahren und Jahrhunderten. Das Gericht Israel begann immer vom Norden her. Aus dem Norden Mesopotamiens und anderswo her, kamen die Feldherren. Israel war zu der Zeit, da der Prophet Jesaja weissagte, reif für das Gericht, so wie es auch heute gottlos und atheistisch ist. Ja, das Gericht überkommt Israel von Norden her! Wenn Gottes Gerichte kommen, gibt es kein Entrinnen. Der Prophet Amos proklamiert dreimal über Israel die Worte: *„Wehe, wehe, wehe!"* Und ich lese, was dann noch geschrieben steht: **Weh! Die ihr den Tag des HERRN herbeiwünscht, was soll er euch? Denn des HERRN Tag ist Finsternis und nicht Licht, gleich als wenn jemand vor dem Löwen flieht und** der Bär begegnet ihm, und er kommt ins Haus und lehnt sich mit der Hand an die Wand, da beißt ihn die Schlange! (Am 5,18f.) Es gibt also kein Entrinnen!, weder vor dem Löwen noch vor dem Bären noch inmitten des Schutzes der Gemäuer! Der Prophet lehnt sich mit der Hand an die Wand und die Schlange sticht! Des Weiteren steht geschrieben: Hört dies Wort, ein Klagelied, das ich über euch anstimme, Haus Israel: Die Jungfrau Israel ist gefallen, dass sie nicht wieder aufstehen wird; sie ist zu Boden gestoßen und niemand ist da, der ihr aufhelfe (Am 5,1f.). Wehe ihnen allen! Israel ist die Nation, welche nicht mit dem Herrn wandelt. Denn es steht geschrieben: Weh denen, die das Recht in bitteren Wermut verwandeln und die Gerechtigkeit zu Boden schlagen! (Am 5,7 EU) Das Gericht bricht von Norden herein. Darin ist Syrien involviert, wie auch immer.

Von den Golanhöhen: Wenn das passiert, schrumpft Israels Macht zusammen und erleidet schreckliche Schäden (s. Jes 17,4). *„Das Fett seines Leibes schwindet dahin."* Gottes prophetische Uhr hinsichtlich der Endzeit tickt! Wir müssen nur die Augen öffnen, dann sehen wir das gesamte Szenario! Für die schreckliche Herrschaft des Antichristen wird alles vorbereitet und in die Wege geleitet! In diesem Zusammenhang denke ich an Donald Trump, der während des G7-Treffens davon sprach, dass Russland gleichfalls, gewissermaßen als G8, dazugehören würde. Doch Europa – und Frau Merkel zuoberst – lehnt sich dagegen auf und sagt entschieden Nein dazu. Russland gehört auch tatsächlich nicht dazu, denn dieser Staat hat eine ganz andere Geschichte! Dazu werde ich nächste Woche etwas verkündigen *(siehe Predigt: „Gog und Magog formieren sich" vom 15.06.2018)*. Da wird Russland führend sein! Russland wird länger existieren als Europa! – das nur nebenbei zu eurer Information –, denn Gog und Magog werden erst nach eintausend Jahren wieder auf den Plan gerufen! Öffne die Augen und erkenne die Zeichen der Zeit!

Genau so, wie der Herr die Kinder Israels damals beschützte und bewahrte, als sie durch das Rote Meer zogen, und genau so, wie Er bei ihnen war, genau so hat Gott

„drei Hände". Mit der einen führt Er, mit der anderen schützt Er, und mit der dritten trägt Er. Es geht nicht nur darum, zu überleben, sondern es geht um unsere Seligkeit, um das innere Heil, um die Erlösung. Was nützt es dir, wenn du auf Erden erfolgreich bist und *„vor die Hunde gehst"*. Es geht nicht um ein irdisch-materialistisches Überleben, sondern um die Errettung der Seele und den Lebenssinn. Es geht nicht darum, wo wir uns aufhalten und was an diesem Ort mit uns stattfindet, sondern darum, dass unser Leben „in der Hand Gottes ruht"! Aus der Hand Gottes kann uns niemand reißen! Lob und Dank! Preis dem Herrn!

Es formiert sich nach dem Willen des Herrn. China und Syrien wollen zusammenarbeiten. Durch die Chinesen wird die Seidenstraße, die durch Damaskus führen sollte, wieder aufgebaut. Das sei nur nebenbei bemerkt. Russland errichtet eine milliardenschwere Wirtschaftszone am Suezkanal in Ägypten, warum auch immer. Russland engagiert sich sehr stark im Nahen Osten. Russland war, nebenbei bemerkt, die erste Nation, die damals im Jahr 1948 Israel als Staat anerkannte!

Die Westmächte unterstützen einen siebenjährigen Aufstand in Syrien und denken, dass sie ein gutes Werk tun. Aber dieser Aufstand ist verloren! Sie unterstützen das verkehrte Lager. Die westlichen Machenschaften in Syrien sind derartig gescheitert, dass sie nichts mehr tun können als Bomben abzuwerfen. Mit Bombenabwurf und anschließender Flucht versündigen sie sich völkerrechtlich! Amnesty International sprach von einem großen Kriegsverbrechen. Die Ereignisse im Nahen Osten lösen die Endzeit aus. Das Ende dieses bösen Zeitalters wird von Jesus gereinigt. Aus dem Wort Gottes geht hervor, dass der Herr die Erde reinigen wird von denen, welche die Erde verderbten (s. Offb 11,18). Für uns gilt das Wort aus dem Evangelium nach Lukas Kapitel 21, das nachfolgend geschrieben steht: **<u>Hütet euch aber, dass eure Herzen nicht beschwert werden durch Rausch und Saufen und mit täglichen Sorgen und dieser Tag nicht plötzlich über euch komme wie ein Fallstrick. Denn er wird über alle kommen, die auf der ganzen Erde wohnen (Lk 21,34f.).</u>** Halte dich von Völlerei, Materialismus und irdischer Gesinnung fern! Die meisten Menschen „schlucken" kommentarlos alles, was die Medien servieren. Sie machen sich keinerlei Gedanken über die Ereignisse, wozu abermals geschrieben steht: **Und wie es geschah in den Tagen Noahs, so wird's auch sein in den Tagen des Menschensohns: Sie aßen, sie tranken, sie heirateten, sie ließen sich heiraten bis zu dem Tag, an dem Noah in die Arche ging und die Sintflut kam und brachte sie alle um (Lk 17,26f.).** Und sie erachteten es auch für gering, als die Engel nach Sodom kamen! Es war ihnen lächerlich (s. 1 Mose 19,14b). Sie wurden mit Blindheit geschlagen, sodass sie die Tür, den Ausgang aus Sodom, nicht mehr fanden (s. 1 Mose 19,11). Es gab für sie kein Entrinnen. Warum? Weil sie die Wahrheit ablehnten. In meiner Bibel steht: Und weil sie die Wahrheit nicht erkannten und annahmen, gab Gott ihnen kräftige Irrtümer (vgl. 2 Thess 2,11).

Sowohl die Zeichen der Zeit als auch die Prophezeiungen der Bibel sind ganz klar! Wir dürfen und können sie nicht ignorieren. Tausende von Weissagungen der Heiligen Schrift treffen zu! Sensible Personen nehmen diese Veränderungen wahr: „Da ist etwas in der Luft!" Sie beachteten es nicht. Lies es einmal selber nach (s. Lk 17,22-37). Die Prophezeiungen gegen Ägypten sind gleichfalls erwähnenswert! Syrien und Ägypten gehören dazu. Es wird die Zeit kommen, da von Syrien nach Ägypten eine Straße verlaufen wird. Diese Querverbindung wird durch Israel führen! Das ist in der Bibel enthalten (s. Jes 19,23f.). Das Volk des Herrn brachte vierhundertdreißig Jahre in Ägypten zu! Obwohl es ihnen dort schlecht erging und sie grausam behandelt wurden, blieben sie im Land und verweilten dort. Sogar Jesus floh zur Zeit Seiner Verfolgung nach Ägypten ins Landesinnere. Diese Völker sind da! Sie existieren noch! Im Buch Daniel Kapitel 11 befindet sich eine Schlüsselprophezeiung für den Nahen Osten, die ganz klar und eindeutig aussagt, dass Ägypten auch gerichtet werden wird. Doch in der Zeit, da der Herr richtet, wird es auch die Gnade geben! Eine Straße in Syrien wird, ausgehend von Damaskus, bis nach Ägypten führen. Des Weiteren steht im Buch Daniel geschrieben, dass vom Norden her eine provokante Invasion ausgehen wird! Der endzeitliche Führer wird vorne her marschieren. Der *König des Nordens* wird sich messen mit dem *König des Südens* (vgl. Dan 11,40). Da wird es Kampf geben (s. Dan 11,41a). Derzeit gibt es zwei Mächte: die eine Macht unterstützt den Islam von der einen Seite, und die andere von der anderen. Der König des Südreichs ist Saudi Arabien, Ägypten und die prowestliche Arabische Allianz. Die beiden verschiedenartigen Formen erfahren Gericht, insbesondere der südliche Teil bzw. der *König des Südens*, aber auch Ägypten, dort, wo das Öl-Reservat tragend ist! Nahezu dreißig Prozent des Öl-Transports verläuft durch den Suezkanal! Du siehst, wie die Wirtschaftslage ist. Es müsste nur ein neuer Regierungschef in Ägypten eingesetzt werden, der sagt: „Nein, wir machen hier nicht mit. Ihr gelangt nicht durch den Suezkanal", also jemand, der diese Pipeline liquidiert, so würde einem erneuten Suez-Krieg stattgegeben werden.

Es gibt wohlbegründete Befürchtungen, dass Ägypten plötzlich seine diplomatischen Beziehungen zum Nachbarstaat Israel abbricht, durch Störungen, welcher Art auch immer. Der Antichrist wird sich in den Tempel setzen! Das wiederum hieße, dass nur irgendeine unbedarfte Person auf dem Tempelberg zu Jerusalem eine Bombe zünden oder einen Terroranschlag initiieren müsste, um die gesamte Arabische Welt in Aufruhr zu bringen und die Flammen brennen und lodern zu lassen. Kairo erhält jährlich – das sagt der *König des Südens* – zwei Milliarden Dollar Militärhilfe von den Amerikanern. Falls diese militärische Unterstützung ausbleiben sollte, wird sich Ägypten überlegen, ob es auch weiterhin das Bündnis zu den Amerikanern, dem Westen und der gesamten prowestlichen Allianz aufrechterhalten will oder nicht. Wir alle wissen, welche Devise Donald Trump befolgt: „America first!" Dann denkt er über eine Unterstützung Ägyptens nach und ruft zur Eigenständigkeit dieses Landes auf. Das kann kurzerhand über Nacht stattfinden. Wir wissen, wie wackelig und wankelmütig diese ganze Sache ist. Was auch immer den Ägyptern widerfährt und was auch immer geschehen mag, der Herr wird den Ägyptern Gnade schenken und barmherzig sein. Das ist schwer zu verstehen.

Der Prophet Jesaja spricht, dass es einen guten Ausgang geben wird für Ägypten (s. Jes 19,19f.). Es gibt Gerichte, insbesondere den Assuan-Staudamm betreffend, über den geschrieben steht, dass dieses Wasser austrocknen wird (s. Jes 19,6f.), obwohl gerade dieser fantastisch angelegte Staudamm, der viel gerühmt und proklamiert wurde, das dortige Zentrum der Wirtschaft ist! Hernach stellte man fest, dass verkehrt berechnet wurde, denn das Wasser versickert und verdunstet durch die zu groß angelegte Fläche. Doch was auch immer mit Ägypten geschehen mag, es nimmt ein gutes Ende! Ich habe eine fantastische Botschaft für Ägypten! Und ich lese, was geschrieben steht im Buch des Propheten Jesaja, siehe hier: **<u>Zu der Zeit wird eine Straße sein von Ägypten nach Assyrien, dass die Assyrer nach Ägypten und die Ägypter nach Assyrien kommen, und die Ägypter samt den Assyrern werden dem Herrn dienen (Jes 19,23).</u>** Ägypten ist der alte Feind Israels. Die Assyrer werden wieder nach Ägypten, und die Ägypter wieder nach Assyrien gehen! Diese Völker werden dem Herrn dienen, was auch immer das heißen mag! Alle Nationen werden dann plötzlich miteinander in Frieden leben, wenn der Messias gekommen ist! Wir leben in den letzten Tagen und Zügen! Das nächste große Ereignis ist die Ankunft Jesu Christi. Das kann Schlag auf Schlag geschehen, so schnell, wie du gar nicht denken kannst, und so, wie es einmal in der Bibel geschrieben steht: <u>Wenn sein Tag da ist, wird der Menschensohn kommen wie ein Blitz, der mit einem Schlag den ganzen Horizont ringsum erhellt (Lk 17,24 GNB).</u> In der kommenden Welt werden alle Menschen – die Ägypter und Assyrer eingeschlossen – eine Blütezeit erleben. Fantastisch! Sie werden gerettet sein und dem Herrn dienen! Das ist die biblische Prophetie für den Nahen Osten. Sein Wille ist nicht, dass diese Völker sich bekriegen und zerstreiten!

Es ist allerorts vernehmbar, dass Russland militärisches Material nach Syrien anordnen und lagern ließ. Die Zukunft begann bereits, auch für Syrien! Russland wird zukünftig einer ganz entscheidenden Funktion inne sein. Das werde ich in der

Predigt „Gog und Magog formieren sich" noch weiter veranschaulichen. Die Existenz Russlands ist anhaltender als diese der Europäischen Union und des Römischen Reiches! Russland wird nicht fallen, sondern für die letzten Tage verschont bleiben! Bei Gott haben die Völker einen Platz und eine Ordnung. Die Sowjetunion wird ein ganz entscheidender Machtfaktor sein! Für sie ist eine große Endzeit-Prophetie beschlossen. Informiere dich im Wort Gottes darüber. Schlage zum Beispiel das Buch des Propheten Hesekiel Kapitel 38 auf und lies die Verse 15 und 16 über das Thema „Gog und Magog". Dort findest du die Textpassage *„vom äußersten Norden"* u. a. Diese Bezeichnung stellt den Blick in Richtung Israel dar. Israel nebst dem gesamten Volk bildet das Zentrum. „Das ist mein Land", spricht der Herr. Für dieses Land im Norden, wozu Syrien, die Türkei und Russland gehören, gilt gemäß dem Buch Daniel Kapitel 8, dass hier die Macht Syriens errichtet wird. Über das Osmanische Reich wurde uns überliefert, dass diese Macht groß sein wird. Doch das hier Erwähnte (s. Dan 8,24-25a) bezieht sich keinesfalls auf die eigenen Kräfte. Der Syrer wird stark sein, aber nicht aus eigenem Bemühen heraus (s. Dan 8,25b). Seine Macht kommt von jemandem, der stärker ist, beisteht und unterstützt. Das Staatsoberhaupt al-Assad würde gar nicht existieren können, wenn Russland ihm nicht hilfreich zur Seite stehen würde! Die Kapitel 38 und 39 des Buches Hesekiel beziehen sich darauf.

Die Tage, an denen Israel noch als Staat formiert ist, sind gezählt! „Die Angst in Jakob" – also, ich möchte zu diesem Zeitpunkt nicht in Israel sein! Wenn das passiert, möchte ich lieber in Grönland sein! Wehe! Ich lese, was nachfolgend geschrieben steht: **<u>Denn groß ist jener Tag, und seinesgleichen ist nicht gewesen, und es ist eine Zeit der Angst für Jakob; doch soll ihm daraus geholfen werden (Jer 30,7).</u>** Der Herr gibt Sein Volk, Sein Land, Seine Bürger nicht auf! In letzter Minute greift Er ein. Doch es wird eine solche Angst sein, dass sogar die Fische im Meer erzittern! Das kann man sich gar nicht ausdenken!

Jeremia weissagt über Israel und Juda, dass diese große Katastrophe geschehen wird, während sie im Land ihrer Väter verweilen. Von großer Furcht werden sie ergriffen sein, in einer Art und Weise, dass sogar die Männer schreien werden wie Frauen, die in den Wehen liegen. Es gleicht dem Zustand, da du sterben willst, es jedoch nicht kannst (s. Jer 30,5-7). Erst hernach wird das Neue Israel entstehen! Und so spricht der Herr: **<u>Darum fürchte du dich nicht, mein Knecht Jakob, spricht der HERR, und entsetze dich nicht, Israel. Denn siehe, ich will dich erretten aus fernen Landen und deine Nachkommen aus dem Lande ihrer Gefangenschaft, dass Jakob zurückkehren soll und in Frieden und Sicherheit leben, und niemand soll ihn schrecken (Jer 30,10).</u>** Derzeit leben sie nicht in Frieden und Sicherheit, sondern in Zuständen gleich einem Ghetto! Und weiter steht geschrieben: **<u>Denn ich bin bei dir, spricht der HERR, dass ich dir helfe. Denn ich will mit allen Völkern ein Ende machen, unter die ich dich zerstreut habe; aber mit dir will ich nicht ein Ende machen. Ich will dich mit Maßen züchtigen, doch ungestraft kann ich dich nicht lassen (Jer 30,11).</u>** Er spricht: *„Aber mit dir will ich nicht ein Ende machen"*, sondern ausschließlich *„mit allen Völkern unter die ich dich zerstreut habe"*. Welche Völker sind hier gemeint? All jene angefangen bei Spanien bis Nazideutschland. In Frankreich und allerorts wurden die Juden verfolgt! „Aus allen Herren Ländern, da man dich verjagt und vertrieben hat, werde ich, der Herr, dich zurückholen!"

Was glaubst du, warum Christoph Kolumbus nach Amerika fuhr? Dieses Ereignis fand genau an dem Tag statt, da am 31. März 1492 das Alhambra-Edikt der Königin Isabella ausgerufen wurde, mit dem Inhalt, die Juden des Landes zu verweisen. Dieser Mann wollte für seine Brüder ein neues Land finden: Amerika. Der Herr verkündigt dem Volk der Israeliten: *„Ich will dich mit Maßen züchtigen, doch ungestraft kann ich dich nicht lassen."* Israel wird gezüchtigt, aber in dem Maß, wie es verkraftet wird. Der Herr spricht zu Seinem Volk: „Du wirst zwar nicht unversehrt bleiben, aber du kommst mit dem Leben davon", und auch, wie vorab erwähnt: „Wehe! Es ist ein gewaltiger Tag, *und seinesgleichen ist nicht gewesen."* Es ist nur ein Tag! Damit ist die große Trübsalszeit gemeint! Eine Zeit, die es noch nie zuvor gab!

Vor zweitausend Jahren verlor Israel den Schutz des Herrn. Die Israeliten lehnten den Messias, den Sohn Gottes, ab und liefen falschen Propheten, Betrügern, nach. Sie brachen den Bund. Doch in der letzten Zeit wird der Herr selbst noch einmal Seinen Bund mit dem Volk Israel aufrichten. Denn der Herr sprach: „Ich will dich segnen bis ins tausendste Glied, Abraham." (Siehe 1 Mose 12,2f.) Das wird das große Gericht nach sich ziehen. Gott wird sich rächen, indem er die Völker richtet. Da hat Er eine ganze Menge zu tun! Im Jahr 70 n. Chr. wurde der Tempel im Auftrag des Herrn zerstört. Dergleichen geschah nicht durch die Hand der Römer, denn Titus hatte kein Interesse daran. Er weigerte sich aus mehreren Gründen, das zu tun. Einige dieser Gründe erwähne ich hier: Der Kaiser von Rom sah eine Erscheinung über der Tempelmauer und sprach zu sich selbst: „Hier wohnt der Herr!" Er weigerte sich, doch seine Soldaten gehorchten seinen Anweisungen nicht und zerstörten den Tempel. Warum? Weil Jesus vorausgesagt hatte, was geschrieben steht, siehe hier: <u>Und sie werden dich dem Erdboden gleichmachen, auch deine Kinder in dir, **und in dir keinen Stein auf dem anderen lassen, weil du die Zeit deiner Heimsuchung nicht erkannt hast! (Lk 19,44** SLT)</u> Kann das eindeutiger und klarer sein? So präzise erfüllten sich die Worte Jesu damals! Das fand vierzig Jahre nach Seiner Weissagung statt. So erfüllen sich auch heute noch sämtliche Worte des Herrn! Gottes Wort ist wahr! Ein Autor namens Werner Keller schrieb ein altes Buch mit dem Titel *„Und die Bibel hat doch Recht"*. Vierzig Jahre später gab es weder einen Tempel noch einen Altar, und die Juden mussten ohne Versöhnung in ihren Sünden sterben. Jesus sprach, was nachfolgend geschrieben steht: <u>So habe ich euch gesagt, dass ihr sterben werdet in euren Sünden; **denn wenn ihr nicht glaubt, dass ich es bin, werdet ihr sterben in euren Sünden (Joh 8,24)**.</u> Für das Volk Gottes gab es weder Tempel noch Versöhnung noch Altar! Zweitausend Jahre war das Volk Israel gottlos! An anderer Stelle der Heiligen Schrift spricht der Herr: **Ich bin gekommen in**

meines Vaters Namen, und ihr nehmt mich nicht an. Wenn ein anderer kommen wird in seinem eigenen Namen, den werdet ihr annehmen (Joh 5,43). Erstaunlich und interessant ist, dass viele orthodoxe Juden jetzt schon Geld für den Dritten Tempel sammeln. Sie glauben, dass darin wieder Opfer dargereicht werden und Versöhnung stattfinden wird. Eben das wird der Antichrist provozieren und fördern.

Die Geschichte Israels und die Syriens sind sehr eng miteinander verbunden. Sehr viele Geschichten der Bibel bezeugen das, so z. B. diese des von Aussatz befallenen Naeman, der von Assyrien kam und in den Gewässern des Jordans seine Heilung empfing (s. 2 Kön 5,14). Bevor das geschah, weigerte er sich und sprach Worte wie „Nein, darin lasse ich mich nicht taufen" aus (s. 2 Kön 5,12a). Aus Damaskus kam Eliëser, der Knecht Abrahams, welcher für Isaak die Gemahlin fand (s. 1 Mose 24,15). Gott gebraucht grundsätzlich, abermals und immer wieder, die Könige von Syrien, um Israel zu bestrafen.

Ich war zwar noch nicht in Damaskus, aber dafür auf den Golanhöhen. Von dort aus konnte ich nach Damaskus hineinblicken. Ein Freund brachte mir ein Buch über Damaskus. Ich war so begeistert von dieser Stadt! Damals gab es noch keinen Krieg. Er berichtete mir, dass er regelmäßig in die dortige Moschee gegangen sei, und er bereitete mich förmlich auf einen Besichtigungsbesuch vor. Ich konnte es nicht fassen und auch nicht glauben, aber ich prüfte und las es nach. Es ist tatsächlich wie folgt: In dieser großen Moschee in Damaskus befindet sich ein Stein, der einst einmal eine Kirche war. Darüber wurde dann diese Moschee gebaut. In diesem Stein befindet sich für alle sichtbar eine Inschrift in griechischer Sprache, welche folgenden Wortlaut trägt: *„Und höre! Dein Königreich, o Christus, ist ein ewiges Königreich. Und Deine Herrschaft wird alle Generationen überdauern!"* Kann das fantastischer sein? Das ist in einer Moschee mitten im Zentrum zu finden! Aber das ist noch längst nicht alles! Das Haupt-Minarett dieser Moschee trägt den Namen „ISUS", was „JESUS" heißt. Diese Stätte ist also Jesus geweiht! Die im Turm enthaltene Prophezeiung beinhaltet auch etwas ganz Merkwürdiges, etwas, was in aller Munde ist: *„Vor dem schrecklichen Tag der zweiten Ankunft Jesu, wird Er über dieses Minarett in der Moschee Einzug halten.“* Doch es wird noch schöner und bunter, denn weiter steht geschrieben: *„Wenn der Messias Jesus die Moschee betritt, wird Er den Propheten nehmen und ihn nach Israel begleiten.“* Das ist eine interessante Geschichte! Dann werden die beiden nach Jerusalem gehen und Gerechtigkeit auf Erden schaffen! Aufgrund des Glaubens, aufgrund dieser Legende und aufgrund derer Überlieferung wird in dieser Moschee jeden Tag ein Teppich ausgerollt, damit der Messias Seinen Fuß darauf setzen und in allen Ehren würdevoll empfangen werden kann! Muslime aus aller Welt bezeugen ihr Interesse an dieser Moschee und betrachten sie voller Bewunderung. Auch die Moslems haben etwas von Gott und Jesus Christus in sich. Allerorts wird ihnen empfohlen, diese Moschee zu besuchen, wie folgt: „Geht in diese Moschee, in der für den Herrn Jesus der Teppich ausgerollt wird!“

Eine weitere Geschichte über Syrien ist die Volkszählung zur Zeit, da die Geburt Jesu stattfand. Der syrische Landpfleger Quirinius veranlasste sie. „Wer wird geboren? Wer wird ansässig? Wie viele Menschen gibt es überhaupt in diesem Reich?“ Das ist die Geschichte von Syrien. Syrien spielt eine große Rolle in der Bibel! Doch ich möchte noch einmal auf die Moschee und die in Stein gemeißelte Innenschrift zu sprechen kommen und sagen: „O Gott, ich danke Dir! Dein Königreich, Jesus, ist ein ewiges Königreich! Und Deine Herrschaft wird alle Generationen überdauern! Auch diese, welche sich gegen den Herrn auflehnen, werden erkennen: Gott ist Stärke! Gott ist Sieger! Gott ist Herr! Dein ist die Herrschaft! Dein ist die Macht! Dein ist die Herrlichkeit!“

Sei nicht entmutigt, wenn du in den Nachrichten hörst und siehst, was in Syrien geschieht! Glaube nicht alles! Die meisten Pressemitteilungen entsprechen nicht der Realität. Ich sage es dir frei heraus: „Es ist nicht die Wahrheit!“ Du solltest erkennen, warum etwas stattfindet! Prüfe die Motive und verstehe die Hintergründe! Warum verbünden sich die Völker und stellen sich massiv gegen dich und den Gesalbten? Aus einem Psalm der Bibel geht sogar hervor, dass sie sich gegen den Herrn und Seine Pläne verschworen haben (s. Ps 2,2f. NLB). Viele Menschen wollen nicht wahrhaben, dass sich Sein Wort zur rechten Zeit erfüllt. Und weil sie das nicht wahrhaben wollen, gibt es so viele Probleme und Schwierigkeiten! Ich verweise auf die zuvor erwähnte Volkszählung, die unter dem syrischen Feldwebel Quirinius vollzogen wurde. Gott ist es, der alles ordnet! Wer hätte gedacht, dass Jesus in Bethlehem geboren werden würde. Eigentlich hätte der Messias in Nazareth zur Welt kommen müssen, denn in Nazareth lebten Josef und Maria damals. Doch Gott bestimmte Bethlehem dafür. Er fügt alles recht, damit Sein Plan in Erfüllung geht! Er benützte einen syrischen Landpfleger und sprach: „Führe dieses und jenes aus!" Er gab ihm diesen Gedanken ein. Der Herr benützt, wen Er will: Politiker, Machthaber, einen Landpfleger, wer es auch immer sei, damit ausgeführt wird, was Seinem vollkommenen Willen entspricht. Obwohl dieses Gebot offiziell schon Kaiser Augustus erlassen hatte, gab es im gesamten Römischen Reich nie zuvor ein derartiges Ereignis. So wäre es auch geblieben, wenn nicht Quirinius dort Statthalter geworden wäre, der diese Angelegenheit über alle Maßen ernst nahm.

Jesus sprach aramäisch-syrisch. Das war die Sprache Jesu! Natürlich, die Sprache, welche im Tempel gesprochen wurde, war hebräisch, doch die Landes- und Muttersprache war aramäisch. Jesus sprach die Sprache, welche die Leute heutzutage noch in Syrien sprechen. Gott möge uns segnen. Was kommt auf uns zu? Worauf müssen wir uns vorbereiten? Christen! Wir müssen bereit sein! Der Herr kommt! Der Herr ruft die Seinen! Der Herr sammelt Seine Gemeinde, die zersprengt und zerstreut ist! Wahre Christen finden zusammen! Die Ökumene, Christen, die nicht wiedergeboren sind, finden auch zusammen. So auch die Religionen, die sich zusammenfinden. Der Herr sammelt. In der Endzeit verläuft alles ins Extrem. Die Sünde ist zwar mächtig, aber die Gnade ist auch mächtig!

Gebet: Vater, ich danke Dir, dass Du uns Dein Wort gibst, dass Du Dein Wort erfüllst und dass Du dazu stehst! Dein Wort ist nichts als die Wahrheit! Deine Worte gehen in Erfüllung! Und, Herr, was auch immer Du über das Volk der Syrer sprachst – es geht in Erfüllung! Aber, lieber Heiland, ich möchte heute Abend auch für die Menschen in Syrien beten, die leiden, die verfolgt, bombardiert, gehetzt, gejagt und beschimpft werden. Vater, berühre dieses Volk und verleih diesen Menschen Kraft, damit sie treu bei ihrer Vision bleiben, und, Herr Jesus, dass sie die Leiden und Schwierigkeiten durchstehen, die dort, wo sie sind, herrschen, sodass sie nicht nach Europa fliehen, sondern ausharren und vor Ort bleiben, ihr Land aufbauen und dazu stehen! Vater, ich segne Syrien! Halleluja! Danke, Herr Jesus! Amen

Teil 3

Predigt von Pastor Joh. W. Matutis

„Deutschland in der biblischen Prophetie"

Deutschland in der biblischen Prophetie

Mein heutiges Thema lautet: „Deutschland in der biblischen Prophetie". Du wirst dich vielleicht fragen: „Deutschland in der Bibel? Das habe ich noch nie gelesen!" Aber das ist wahr!, und ich werde es dir beweisen. Deutschland hat eine große Aufgabe! Morgen sage ich mehr dazu *(siehe Predigt: „Syrien in der biblischen Prophetie" vom 09.06.2018)*. Wir sind in der Endzeit und *„große Ereignisse werfen ihre Schatten voraus"*! Nächsten Freitag werde ich etwas über das Thema „Gog und Magog" sagen *(siehe Predigt: „Gog und Magog formieren sich" vom 15.06.2018)*. Das Land China wird viel und oft debattiert. Wir sind mitten „in den letzten Zügen der Weltgeschichte". Jetzt geschieht das, was uns der HERR durch Sein Wort lange im Voraus prophezeite! Heute, nach siebzig Jahren, wird Deutschland zum ersten Mal in den Sicherheitsrat der UNO gewählt und spielt eine maßgebliche politische Rolle. So sind die Zeichen nach siebzig Jahren. Deutschland nimmt im UN-Gremium Platz, und Israel tritt zurück. Das Weltgeschehen und die Prophetie schreiten voran. Satan missbraucht die Völker! Wenn wir unsere Bibel aufmerksam studieren, erkennen wir das Folgende: So, wie die Propheten Jesaja, Hesekiel und Amos gegen dieses oder jenes Volk weissagten, versucht Satan Verwirrung zu stiften. Das Wort des Herrn, welches gemäß der Überlieferung aus der Heiligen Schrift offenbar wurde und nachfolgend niedergeschrieben ist, lautet: **<u>Wiederum führte ihn der Teufel mit sich auf einen sehr hohen Berg und zeigte ihm alle Reiche der Welt und ihre Herrlichkeit und sprach zu ihm: Das alles will ich dir geben, wenn du niederfällst und mich anbetest (Mt 4,8f.).</u>** Er ist der große Manipulierer der Königreiche, der versucht, Einfluss auszuüben und alles durcheinanderzubringen. Er ist es auch, der in der Endzeit die Völker für die große Schlacht Harmagedon (siehe Offb 16,16) zusammenführen wird. Deutschland steht in der Bibel.

Die Germanen, das sind die Deutschen. Zuerst werde ich geschichtliche Bezüge aufgreifen, und hernach die biblische Betrachtung dazu vornehmen. Die Germanen widerstanden schon frühzeitig den Römern. In diesem Zusammenhang denke ich an die Schlacht im Teutoburger Wald, die sich in der zweiten Hälfte des Jahres 9 n. Chr. ereignet hatte. Die Römer titulierten die Germanen als ein barbarisches Volk, das überlegen war, Widerstand leistete und sich widersetzte. Rom ist dieses letzte Weltreich, das durch das Traumgebilde der Statue des Nebukadnezars dargestellt wurde. Alles nahm seinen Anfang mit dem Reich der Babylonier, dessen Repräsentant Nebukadnezar war, abgelöst von dem medo-persischen Reich, gefolgt von Griechenland und Rom. Die zehn Zehen an seinen Füßen stellen die Europäische Gemeinschaft dar. Es wurde prophezeit, dass dieses Reich uneins sein würde (siehe Dan 2,37-43).

Die Germanen leisteten bei der Zerstörung Roms einen wesentlichen Beitrag. Die von Martin Luther durchgeführte Reformation, die damit einhergehende Teilung der Kirche sowie die Übersetzung der Heiligen Schrift, waren weitere Meilensteine der deutschen Tradition. Rom hatte sehr viel mit den Germanen zu tun und schlug sich mit ihnen herum. Die Germanen, also wir, Deutschland! Und ich denke auch, dass Martin Luther ein gutes Werk tat. Mit seiner Bibelübersetzung übernahm der Reformator eine führende Rolle. Er lieferte der deutschen Nation den Kanon der Bibel in deren Muttersprache. Vor Martin Luther gab es bereits achtundzwanzig andere Bibelübersetzungen. Der wittenbergische Reformator war nicht der Erste, der die Heilige Schrift übersetzte, aber er entwarf sie als ein entscheidendes, wegweisendes Buch für die gesamte Nation. Das hatte natürlich die Spaltung der Kirche zur Folge. Ich denke nur an die vielen Erfindungen, die von Deutschland ausgingen: Computer, Raketen, Kraftfahrzeuge sowie die Atombombe sind deutsche Kreationen; Entdeckungen, die in Deutschland entwickelt wurden! Der Deutsche, Wernher von Braun, der ein Wegbereiter der Raketenwaffen war, wurde nach dem Zweiten Weltkrieg entführt. Die Heilige Schrift ist ein Werk über geschichtliche Tatbestände, Regierungen und Nationen. Gott schreibt Geschichte! Die Bibel befasst sich mit Tagesgeschehnissen. Der Herr bereitet Sein Werk durch Seine Knechte, die

Propheten, vor. Genau so, wie sich der Herr damals mit dem Volk Israel befasste, sind die modernen Supermächte von heute in Seinem Werk beschrieben.

Ich nehme Bezug auf den folgenden Bibelvers, der geschrieben steht, siehe hier: **<u>Und der sechste goss aus seine Schale auf den großen Strom Euphrat; und sein Wasser trocknete aus, damit der Weg bereitet würde den Königen vom Aufgang der Sonne (Offb 16,12).</u>** Hier ist von einem der sieben Engel die Rede, die die Zornschalen in der Endzeit ausgießen. Der breite Strom des Euphrats trocknet aus! Die Weltmacht verläuft immer westwärts, über Babylonien, Assyrien, Griechenland, das Heilige Römische Reich der Deutschen Nationen – welches etwa eintausend Jahre anhielt –, über Rom, England, Amerika bzw. den Pazifik, und zurück nach China – einem Staat, der aufmarschiert –, Indien sowie den gesamten Osten, dessen Population eine Milliarde Menschen beträgt. Diese Faustregel gibt es: Die Weltmacht breitet sich einmal um die Erde aus, und erst nachdem das geschehen ist, bricht das Ende herein.

Ich möchte alles biblisch belegen, denn es ist nicht irgendeine Erfindung, sondern das Wort Gottes. In der Textpassage *„Und der sechste (Engel) goss aus seine Schale auf den großen Strom Euphrat"* wird auf eine Zornschale verwiesen. Die Heilsgeschichte begann am Euphrat und endet dort wieder. Der Euphrat floss durch den Paradiesgarten, in dem der Mensch verführt wurde (s. 1 Mose 2,10.14b). Der Engel gießt seine Zornschale über dem Euphrat aus, damit *„die Könige vom Aufgang der Sonne"* hindurchtreten können. Die ganze Heilige Schrift hat mit Israel als Nation zu tun! Ich sage immer wieder, dass Israel „mit dem falschen Bein in die Weltgeschichte zurückkam". Der Herr wird die Seinen erwecken! Darauf komme ich später noch zu sprechen.

Seit „Nine Eleven", dem Terroranschlag auf das World Trade Center in New York am

11. September 2001, der mit dem Krieg in dem Irak zusammenhing, veränderte sich die Welt massiv! Der Herr streitet um den Planeten Erde. Satan fordert Tribut und widersteht Gott und Seiner Macht. Alle teuflischen Geister und Dämonen sind losgelassen! Ob in Amerika oder hierzulande, allerorts geht es um den Terrorismus. Der Islam spielt hierbei eine entscheidende Rolle, denn überall wird verlautbar gemacht, dass diese Glaubensgemeinschaft an sämtlichen Massakern schuld wäre und sich alles damit im Zusammenhang Stehende gegen Jerusalem richten würde.

Die Wiederkunft Jesu steht kurz bevor! Wir erleben eine gigantische Sammlung! Sämtliche „Könige der Erde" blicken auf Israel. Der amerikanische Präsident Donald Trump kürt Jerusalem zur Hauptstadt und die ganze Welt gerät in Aufruhr. Das ist Wirken durch menschlichen Einsatz. *„Das neue Jerusalem"* sinkt vom Himmel hernieder (s. Offb 21,2a). Diese goldene Stadt ist eine gänzlich andere als jene dreckige, spannungsgeladene von heute, welche sich mit den Palästinensern arrangiert. Diese Stadt, in der sich jeder nur selbst behaupten will und kundtut: „Wir allein sind die Herren!", hat nichts mit dem neuen Jerusalem gemein, welches vom Himmel hernieder sinkt. Satanische Mächte sind weltweit aktiv, beeinflussen die Politiker und richten sich zunächst einmal gegen Israel. Dem heiligen Volk steht das Gericht bevor! Es wird eines Tages untergehen! Seid nicht schockiert über das, was ich euch mitteile! Der Staat Israel wurde nicht durch den Herrn erweckt, sondern durch die Zionisten und Freimaurer!

Die Bibel spricht von einer großen „Angst in Jakob", welche so gewaltig ist, dass sogar die Fische im Meer erzittern werden (vgl. Jer 30,7a). Vor diesem Ereignis steht Israel! Der Antichrist nebst dem so genannten falschen Propheten wird sich in den Tempel setzen und als Gott ausgeben. Deshalb wird Gott sich rächen! Der Herr greift ein! Er sagt: *„Die Rache ist mein"* (s. 5 Mose 32,35a) sowie: „Ich werde das nicht geschehen lassen, denn das ist mein Land und mein Haus" (Jer 30,3.7b-11) und:

„Mein Haus soll ein Bethaus sein". (Siehe Jes 56,7b)

Der Euphrat war früher die nördlichste Grenze Israels. Das Gericht, so steht es im Wort Gottes, beginnt im Norden. Der nördliche Teil ist begrenzt auf Syrien, Irak und Russland. Über „Gog und Magog" werde ich in den nächsten Tagen predigen. Es sind Fakten, die du vermutlich sonst nirgendwo hörst. Nimm die Veränderungen, die um dich herum geschehen, wahr! Der Euphrat wird austrocknen. In unserer Bibel spielt dieser Fakt des Austrocknens eine ganz wesentliche Rolle! Die Kinder Israels zogen trockenen Fußes durch das Rote Meer (s. 2 Mose 14,22) und den Jordan. Es folgen die Könige bzw. Herrscher dieser Welt, gleichfalls um das Gericht abzuhalten. Der erste Durchzug bedeutete das Gericht für Ägypten, damit das viel gepriesene Gelobte Land, welches dem Herrn gehört, eingenommen werden konnte. Das Austrocknen des Euphrats beinhaltet den Untergang der Völker und Nationen und das Entstehen des Reiches Gottes sowie die damit einhergehende Gebetserhörung des Vaterunsers mit der Aussage: *„Dein Reich komme."* (Siehe Mt 6,10a) Gottes Reich kommt! Für unseren Staat werden alle diesbezüglichen Auseinandersetzungen ein Segen sein! Zuerst gibt es Gericht, dann kommt die Gnade hinzu. So ist die biblische Arbeitsweise nach Gottes Plan. Dann kommt eine große Heimsuchung!

Der 2800 km lange Strom des Euphrat, eine große Wasserstraße in Westasien, wird austrocknen. Seine Quellen befinden sich in Armenien, der Türkei. Dieser Strom wird austrocknen, damit die Völker hindurch gelangen. Buchstäblich findet das nicht statt, denn der Herr spricht bildlich! Wir müssen diese Bildersprache nur verstehen! Ich lese, was nachfolgend geschrieben steht: **Und der sechste Engel blies seine Posaune; und ich hörte eine Stimme aus den vier Ecken des goldenen Altars vor Gott; die sprach zu dem sechsten Engel, der die Posaune hatte: Lass los die vier Engel, die gebunden sind an dem großen Strom Euphrat. Und es wurden losgelassen die vier Engel, die bereit waren für die Stunde und den Tag und den**

Monat und das Jahr, zu töten den dritten Teil der Menschen (Offb 9,13-15). Ja, sie sind gebunden! Das Signal ertönt und es geschieht. Deutschland erwacht! Auch die Welt sollte aufwachen und aufhorchen! In dieser Zeit wird ein Drittel der Menschheit getötet werden! Das sind ein paar Milliarden!

Der Weg, welcher *„den Königen vom Aufgang der Sonne"* bereitet wird, führt über die Länder des Hinduismus und Buddhismus Japan, China, Indonesien und Indien. Die Bevölkerung Chinas umfasst schon über eine Milliarde Menschen. Der Iran und Korea schließen sich an. Nach siebzig Jahren nimmt der amerikanische Präsident Kontakt zu Nordkorea auf. Wir sagen: „Ach, was ist das! Das ist ein Puzzlespiel, ein politischer Schachzug." Nein! Das ist Heilsgeschehen! Denn Gott schreibt Geschichte, genau so, wie es damals bei König Belsazar geschah, da plötzlich an der Wand eine Schrift mit den Schriftzügen *„Mene mene tekel u-parsin"* erschien (s. Dan 5,25). Da findet einiges statt!

Am Ende werden alle Könige der Erde ihre Armeen versammeln und in diese tödliche Falle tappen! In der Endzeit wird eine globale, politische, wirtschaftliche und religiöse Verführung stattfinden! Das Problem ist noch nicht ausgestanden! Es ist das Judenproblem; der Antisemitismus! Warum schimpft, schreit und zittert das jüdische Volk lauthals: „Antisemitismus darf nicht sein! Das darf sich nicht wiederholen!" Es wird das größte Holocaust aller Zeiten geben, wenn das alles in der Endzeit offenbar wird! Ich lese, was nachfolgend geschrieben steht: **Zu der Zeit wird große Klage sein in Jerusalem, wie die um Hadad-Rimmon in der Ebene von Megiddo war. Und das Land wird klagen, ein jedes Geschlecht für sich: das Geschlecht des Hauses David für sich und die Frauen für sich, das Geschlecht des Hauses Nathan für sich und die Frauen für sich, das Geschlecht des Hauses Levi für sich und die Frauen für sich, das Geschlecht Schimis für sich und die Frauen für sich; so auch alle andern übrig gebliebenen Geschlechter, ein jedes für sich und**

<u>**die Frauen für sich (Sach 12,11-14).**</u> Alle Stämme Israels werden verzagen und weinen wie nie zuvor!

Das Reich Gottes ist im Kommen! Eine Supermacht, die total anders ist! Jesus sprach: *„Mein Reich ist nicht von dieser Welt."* (Siehe Joh 18,36a) Das Evangelium wird zuerst allen Völkern gepredigt, und dann wird das Ende kommen (s. Mt 24,14). Ja, das Evangelium wird allen Völkern gepredigt! Es müssen nicht alle eine Bibel besitzen. Den Menschen wird über das Radio und über die anderen Medien der Zugang dafür verschafft *„und dann wird das Ende kommen"*. Das Evangelium hat bereits die ganze Erde umkreist. Das Evangelium ist „ein vorlaufender Herold", ein Zeugnis für die Welt und ein Wegbereiter für das Kommen Jesu. Das Evangelium wendet sich an alle Völker. Alles begann damit, dass die Juden damals Jesus ablehnten. Hernach trat Paulus die Heidenmission an. Die Heiden wurden von einer großen Freude erfüllt (s. Apg 13,48a). Aber die Gnadenzeit für die Nationen und Völker läuft auch einmal aus! Das jüdische Volk wurde in alle Herrenländer zerstreut. Und dann, in der Endzeit, findet die große Sammlung statt. Die Zerstreuung war und ist Werk und Wille des Herrn! Wer etwas anderes glaubt, dem sage ich, dass es Unfug ist. Aus dem Wort Gottes geht das Folgende hervor: *Siehe, »euer Haus soll euch wüst gelassen werden«.* (Siehe Mt 23,38) Warum ist die Zerstreuung im Werk Gottes? Weil selbst auch der Jude unter den Nationen den Herrn Jesus finden soll! Man darf, soll und muss den Juden unter den Nationen missionieren! Und so viele finden Jesus in den Völkern! Sie sehen: „Ja, man muss an Jesus glauben!" Denn es steht geschrieben: <u>**Denn von Zion wird Weisung ausgehen und des HERRN Wort von Jerusalem (Mi 4,2b).**</u> Das ist biblisch.

Am Mittwoch predigte ich von dem Antichristen *(s. Predigt: „Europa und der Antichrist" vom 06.06.2024).* Das streife ich heute bloß. Das *„Tier"*, der Antichrist, betrat die politische Weltbühne bereits! Soll ich sagen, wann? Exakt im Jahr 1948! Zu diesem Zeitpunkt entstanden zwei Staaten gleichzeitig: Das aus Schutt und Asche, den Trümmern des Krieges, hervorgebrachte Deutschland, und Israel. Natürlich auch noch ein paar andere Völker. Das Wort Gottes macht darauf aufmerksam, dass wir auf die Zeichen der Zeit achten sollen (s. Mt 24,3b bzw. Mt 24,5-14). Wenn ein Baum Blätter gewinnt, ist der Frühling nicht weit weg (vgl. Mt 24,32). Die beiden Staaten Deutschland und Israel werden in der Endzeit noch einmal eine wichtige Rolle spielen! Eben erst wurde nach siebzig Jahren Deutschland in den UN-Sicherheitsrat gewählt, was von den anderen Mitgliedsstaaten anerkannt wurde. Das ist erstaunlich! Bisher sah man wegen der Machenschaften des Naziregimes, Deutschland als Skandalmacher und Kriegstreiber an. Adolf Hitler richtete einen großen Schaden für unser Volk an. Deutschland fungiert nun natürlich auch als eine Schutzmacht Israels. Wenn Israel militärisch angegriffen wird, ist Deutschland verpflichtet, sich für dieses Land einzusetzen. Alles ist eng miteinander verquickt, verwoben und vernetzt. Deutschland garantiert seit einigen Jahren die Sicherheit Israels! Wenn Israel gerichtet wird, trifft dasselbe auch für Deutschland zu. Das Gericht ist über Israel angesagt. Das teile ich euch in aller Liebe mit. Diese Menschen tun mir leid, aber Gott bringt die Seinen durch, wo auch immer sie sich befinden.

Und ich lese, was im Buch des Propheten Jesaja Kapitel 2 geschrieben steht: **HERR, du hast dich von deinem Volk, den Nachkommen Jakobs, zurückgezogen. Denn ihr Land ist voll von fremden Bräuchen, überall gibt es Zauberer wie bei den Philistern; es wimmelt bei ihnen von Ausländern. Ihr Land ist voll von Silber und Gold und unzähligen Schätzen. Es ist voll von Pferden, und die Streitwagen kann niemand zählen. Und ihr Land ist voll von Götzen. Seine Bewohner beten Bildwerke an, die sie mit eigenen Händen gemacht haben. Darum müssen sich alle bücken und werden erniedrigt. Vergib ihnen nicht, HERR! (Jes 2,6-9 GNB)** Das fand nahezu vor 2000 Jahren statt, im Jahr 70 n. Chr., Jahrhunderte vor dem Fall Jerusalems! Und weiter steht geschrieben: **Verkriecht euch zwischen Felsen, versteckt euch in Erdlöchern, wenn der HERR Schrecken verbreitet und seine Macht und Hoheit zeigt! Der Tag kommt, an dem es mit der Überheblichkeit**

 Das wird der Herr vollziehen! Gericht ist Gottes Sache! Es wird nicht durch menschliches Eingreifen und Dazutun irgendeines Politikers bewirkt (s. Sach 4,6). Aber auch die Gnade ist ein Werk des Herrn. Das Gericht über Israel wird von Assyrien ausgehen – du fragst „Syrien? Das ist doch nicht wahr!" Nein, nicht von Syrien geht das Gericht aus. Es geht von Assyrien aus! –, wenn ich fortfahre zu lesen, was nachfolgend geschrieben steht: *Er wird alle hohen Berge und Hügel einebnen, jeden großen Turm und jede feste Mauer einreißen.* Und auch: **über alle Tarsisschiffe im Meer und über alle kostbaren Boote (Jes 2,16)** *usw.* Im Jahr 70 n. Chr., vor beinahe zweitausend Jahren, zog sich der Herr aus dem Haus Jakobs zurück! Der Prophet Gottes betet hier, dass sie sich in Felsen und Erdlöchern – das sind Bunker – verstecken sollen zur Zeit, da der Herr Schrecken über das Land bringen und Seine Macht und Hoheit offenbaren wird. Der Tag wird kommen, da Er mit der Überheblichkeit – sowohl der von Deutschland, der aller Nationen und vor allem auch der von Israel – ein Ende machen wird! Dann wird der Herr allein groß sein!

Der Herr selbst kämpft für Sein Volk. Er schreibt Geschichte. Er will, dass Sein Reich aufgerichtet wird, das Reich Seines Sohnes Jesu Christi. Die Assyrer sind die Germanen, die über den Kaukasus sowie über das Kaspische Meer auswanderten. Die deutsche Sprache ist indogermanischen Ursprungs. Der Befehl der Zerstörung wird von Assur ausgehen, das geht ganz klar und deutlich aus dem Wort Gottes hervor. Assur wird den Befehl ausführen. Die ehemaligen Assyrer sind die Deutschen. Wir lehnen uns gegen Adolf Hitler auf, aber Gott ließ es zu! Denn ohne ihn samt der Verfolgung, Holocaust und Auschwitz, gäbe es heute keinen Staat Israel. Das war

Gottes Befehl. Wir fragen uns: „Warum konnten die Deutschen so blind sein und etwas so Verwerfliches tun?" Assur wird durch das Schwert fallen, wie nachfolgend geschrieben steht: **Und Assur soll fallen durchs Schwert, doch nicht durch das eines Mannes, und ein Schwert soll ihn verzehren, doch nicht das eines Menschen. Und Assur wird vor dem Schwert fliehen, und seine junge Mannschaft wird Frondienste leisten müssen (Jes 31,8).** Mit dem Satz *„und seine junge Mannschaft wird Frondienste leisten müssen"* ist gemeint, dass seine jungen Krieger zur Zwangsarbeit u. Ä. angehalten werden. Das ist die Geschichte. Das ist das Ende von Assur, und von Germanien!

In diesem Zusammenhang wundern wir uns über so einiges: Woher kommen die Flüchtlinge, die nach Deutschland ins Landesinnere einreisen? Sie kommen aus Assyrien und Syrien! *Große Ereignisse werfen ihre Schatten voraus!* Die Flüchtlinge besiedeln Europa. Früher wurde der europäische Kontinent durch die Völkerwanderung der West- und Ostgoten vereinnahmt, gewiss. Doch in unseren Tagen geht es um eine ganz andere Geschichte! Der Prophet Nahum lässt den Menschen vom Norden, aus den Bergregionen, das Wort Gottes zuteilwerden, das nachfolgend geschrieben steht: **Deine Hirten schlafen, o König von Assur, deine Mächtigen schlummern. Dein Volk ist auf den Bergen zerstreut, und niemand sammelt sie (Nah 3,18).** Das ist Assur bzw. Assyrien, ein Bild auf die Germanen. Assur lebte am Berg Ararat, Armenien. Die Deutschen, die sich u. a. im spanischen Raum etabliert hatten, waren „die Alemannen". Sie wurden von den Römern „die Germanen" bzw. Kriegsleute genannt; das Heeresvolk. Zwischen den Assyrern und den Germanen besteht ein Zusammenhang. Einem Bericht Herodots über den assyrischen Stamm zufolge, werden sie „Kermannen" genannt. Von diesem Begriff leitet sich das Wort „Germanen" ab, das von den Latinern und Römern übernommen wurde. Im südlichen Persien bzw. dem Iran, existiert heute noch eine Stadt namens Kerman, in welcher der Teppichhandel floriert, dort, wo die Völkerwanderung vom Kaukasus her begann. Eine alte, deutsche Stadt, die einer Überlieferung zufolge 1300

Jahre vor Rom gegründet wurde, ist Trier. Dort hinauf zogen die Armenier und Assyrer, was auch in einigen Legenden mit Troja in Verbindung gebracht wird. Im Jahr 753 v. Chr. fand die Gründung der Stadt Rom statt. Damals existierte Trier längst! Eine Inschrift gibt, einer Legende nach, Zeugnis, dass Trier schon etwa 4000 Jahre v. Chr. gegründet wurde, also noch in den Tagen Noahs und Abrahams! Die heutige Stadt Trier wurde damals Trebeta genannt. Dieser Name stammt von einem Nachkommen Noahs, einem ehemaligen assyrischen Königs, der sich dort niederließ. Es gibt keinen Zweifel, dass – wie Forschungen heute eindeutig beweisen – die Deutschen ursprünglich aus dem Kaukasus, vom Schwarzen Meer her, zu uns gelangten. Also, Geschichte ist Fortsetzung. Diese Völker gingen unter! Wo sind sie denn? Wo ist „Gog und Magog"?

Ninive war die Hauptstadt der Assyrer, der ursprünglichen bzw. zukünftigen Deutschen. Interessant ist, dass die Silbe „Ger" aus dem altdeutschen Sprachvokabular hervorgeht und mit dem Wort „Wurfspieß" *(siehe: Germanischer Wurf- und Nahkampfspieß)* zusammenhängt. Das waren die Kriegsleute. Du siehst, Deutschland begann den Ersten und den Zweiten Weltkrieg. Die Deutschen waren schon immer eine kriegstreibende Nation. Ein Germane ist ein Mann, der mit einem Speer umgehen kann. Er ist ein Krieger. Der römische Historiker Tacitus beschrieb, dass der Hauptindustriezweig der Teutonen, dem germanischen Volk der Antike, Kriegsausrüstungs- und Waffenproduktion gewesen wäre. Die Germanen flohen in den Norden, wie aus dem Buch des Propheten Nahum hervorgeht. Ich gehe noch einmal auf diese Schriftstelle ein: *„Deine Hirten schlafen, o König von Assur, deine Mächtigen schlummern. Dein Volk ist auf den Bergen zerstreut, und niemand sammelt sie."* Der römische Historiker Plinius berichtet über ein kriegerisches Volk, genannt die Assyrer, das sich am nördlichen Schwarzen Meer lagerte. Die Assyrer veranlassten die Römer dazu, einen Grenzwall namens Limes zu errichten, der die aus ihrer Sicht wilden, kriegslüsternen Völker, die Germanen, daran hindern sollte, ins Landesinnere vorzudringen. Ein anderer Name, der den Germanen zugesprochen wurde, war „Menschen des Krieges", also ein kriegslüsternes Volk. Diese Kenntnis ist erforderlich, um zu verstehen, was Gottes Plan mit Deutschland ist. So spricht der Herr: **Ich weiß, wo du wohnst: da, wo der Thron des Satans ist (Offb 2,13a).** Und als ich damals nach Berlin kam, sprach Gott ganz klar zu mir: *„Ich weiß, wo du wohnst: da, wo der Thron des Satans ist."* Gemeint ist der Pergamonaltar! Wer hätte für möglich gehalten, dass Deutschland plötzlich den Thron Satans in seinen Stadtkern verfrachten würde! Gott spricht: „Wenn du einmal die Altäre wieder errichtest, die ich zerstört habe, werde ich auch den Fluch über dich bringen, den ich über die Völker gebracht habe!" (Siehe 3 Mose 26,1 insb. NLB) Und dieser Fluch war eben der: halbiert und geviertelt. Was fand statt? Kurz nachdem die Deutschen den Pergamonaltar errichtet hatten, begann der Erste Weltkrieg und bald darauf der Zweite. Deutschland wurde halbiert und geviertelt in eine deutsche französische, englische, amerikanische und russische Zone. Eine Halbierung in Ost und West fand außerdem statt. Das alles trug sich buchstäblich zu! Wir holten uns den Fluch nach Hause!

Wer die Geschichte ein bisschen kennt – Geschichte ist mein Steckenpferd, denn ich studiere gern Geschichtsbücher –, der weiß, dass die Assyrer die ersten Bauherren waren, die gepflasterte Straßen besaßen. Denke an Deutschland: „Autobahn, Kindergarten und Sauerkraut" – das weiß man in der Welt über die Deutschen. Das ist die Parallele dazu. Damit sich die Armeen der Assyrer rasant fortbewegen konnten, errichteten sie, bereits lange vor den Römern, asphaltierte, breite Schnellstraßen. Die Assyrer besaßen als erste Nation eiserne Kampfwagen, welche sich optimal für eine exzellente Kriegsführung eigneten. Sie waren, genau wie die Deutschen, technisch außerordentlich begabt und fortschrittlich. Geist, Richtung und Vorgaben der Assyrer sind mit den Deutschen sehr identisch. Alles dient dem Kriegsvorhaben. Früher oder später wurden ihre Waffen für die Rüstungsindustrie verwendet. „Krieg war das Wichtigste", schrieb Tacitus über die Germanier *(lat. Form dieses Begriffs)*, und auch, dass das der wichtigste Industriezweig für sie gewesen sei. Es gibt eine immens große Ähnlichkeit der Deutschen mit den Assyrern und Syrern! Im indischen Teil des Himalayagebirges wurde ich von einer Person begrüßt, die mir mitteilte, dass sie „Berger Sikh" sei. Dieser Begriff setzt sich sowohl aus dem Familiennamen Berger als auch aus einer der Priesterkasten zugehörigen Person zusammen. Er sagte: „Je länger du hier bist, desto ähnlicher wirst du diesem Volk." Er war sonnengebräunt. Er teilte mir mit, dass er viele Leute kennen würde, die einen solchen germanischen Namen wie z. B. Hauser Sikh, Berger Sikh u. a. haben würden. Das sind Verwandtschaften, Beziehungen und Ähnlichkeiten! Ausschlaggebend ist der Geist! Über jede Stadt ist sowohl ein Engel-Fürst als auch ein Dämon gesetzt. Denn wir lesen, was nachfolgend geschrieben steht: **<u>Aber der Engelfürst des Königreichs Persien hat mir einundzwanzig Tage widerstanden; und siehe, Michael, einer der Ersten unter den Engelfürsten, kam mir zu Hilfe, und ihm überließ ich den Kampf mit dem Engelfürsten des Königreichs Persien (Dan 10,13).</u>** Auch wenn ein Volk restlos ausstirbt, lebt der darin verborgene Geist weiter! So viel zur Geschichte Deutschlands.

Im Ersten Weltkrieg wurde Deutschland zerstört, im Zweiten abermals, doch die deutsche Nation hat das Potential in sich, ihr Land immer wieder aufzurichten und neu zu begründen. Aus eigener Kraft gelang es den Deutschen, die Trümmern zu beheben, ihr Land neu zu errichten und eine führende Nation zu werden. Das ist im deutschen Wesen enthalten. Heutzutage stellt dieses Volk eine starke Wirtschaftskraft innerhalb Europas dar. Das soll nur nebenbei erwähnt sein. Deutschland steht immer wieder aufs Neu auf. Die nun folgende Schriftstelle gibt Aufschluss über die trügerische Macht. Es steht geschrieben: **<u>Du hast mehr Händler, als Sterne am Himmel sind; die Larven sind geschlüpft und fliegen davon (Nah 3,16).</u>** Winston Churchill teilte uns einmal über die deutsche Kriegstechnik das Folgende mit: *„Die deutschen Maschinerien sind wie Heuschrecken."* Weiter steht geschrieben: **<u>Deine Wachleute sind wie die Heuschrecken und deine Werber wie die Larven, die sich an die Zäune lagern in den kalten Tagen; wenn aber die Sonne aufgeht, heben</u>**

sie sich davon, dass man nicht weiß, wo sie bleiben (Nah 3,17). Das ist eine Prophezeiung, die bildhaft ausgedrückt wurde. Nach dem Zweiten Weltkrieg begaben sich die Nazis in den Untergrund und verschwanden wie Heuschrecken in der Winterzeit. Sie „verpuppten" sich, aber ihr Geist starb nicht! Er ist da! Der Nazigeist schlummert irgendwo in den Köpfen der Menschen. Wir sehen, was derzeit in unserem Volk stattfindet. So plötzlich, wie dieser Nazigeist verschwand, schießt er wieder empor. Genau das prophezeite Jesus in den Gleichnissen, die Endzeit betreffend! Das Wort Gottes ist wahr, absolut sicher und zuverlässig! Ich kann mich darauf verlassen, auch wenn die Folgen schrecklich und schockierend sind. Die Bibel hat recht.

Einige weitere biblische Voraussagen in Bezug auf Deutschland in der Endzeit: Der Herr richtet die Deutschen auf, um das sündige Israel zurechtzuweisen. Israel fand aus allen Nationen, den Orten der Zerstreuung, zurück, aber Treue dem Herrn gegenüber hielten sie bis heute nicht. Atheismus und Gottlosigkeit nehmen in Israel überhand. Der Herr behält sich vor, Sein Volk für dessen verwerfliche Sünden zu strafen. Die Frage ist, durch wen das Gericht Gottes hereinbricht. Ärgernisse müssen kommen, aber wehe, durch wen! (Siehe Lk 17,1) Im Buch des Propheten Habakuk Kapitel 1 spricht der Herr, was nachfolgend geschrieben steht: **Denn siehe, ich will die Chaldäer erwecken, ein grimmiges und schnelles Volk, das hinziehen wird, so weit die Erde ist, um Wohnstätten einzunehmen, die ihm nicht gehören (Hab 1,6).** Die Chaldäer – ein Volk nahe der Assyrer – waren die alten, ursprünglichen Babylonier. Sie verschwanden zwar von der Weltenbühne, aber der Geist dieser Mächte lebt weiter!

Von den sieben Auferstehungen: Das Heilige Römische Reich Deutscher Nationen regierte als das Erste Reich eintausend Jahre über Europa. Das Zweite Reich, unter Otto von Bismarck, umfasse eine geringfügigere Zeitspanne. In dieser Periode wurde das Berliner Reichstagsgebäude errichtet. Hernach brach mit Adolf Hitler das Dritte

Reich herein. Das herannahende Vierte Reich wird ein schreckliches sein. Diese Kenntnis gewannen wir aus dem Buch der Offenbarung. Es ist die siebente Auferstehung. Aus dem Wort Gottes geht hervor, dass es eine Vereinigung aus zehn europäischen Nationen geben wird, was die zehn Zehen des Standbildes Nebukadnezars verdeutlichen (s. Dan 2,42f.). So spricht der Herr: **Und die zehn Hörner, die du gesehen hast, das sind zehn Könige, die ihr Reich noch nicht empfangen haben; aber wie Könige werden sie für eine Stunde Macht empfangen zusammen mit dem Tier (Offb 17,12).** Deutschland bzw. das alte Assyrien wird der Hauptakteur des gesamteuropäischen Geschehens sein! Deutschland ist die führende Nation!, so arg es auch klingen mag für einen Deutschen. **Der Herr** bezeichnet sie als eine Kriegsmaschinerie, grimmig und schnell. Lies es selber nach. Gott spricht zu Seinem Volk: **Schaut hin unter die Völker, seht und verwundert euch! Denn ich will etwas tun zu euren Zeiten, was ihr nicht glauben werdet, wenn man davon sagen wird. Denn siehe, ich will die Chaldäer erwecken, ein grimmiges und schnelles Volk, das hinziehen wird, so weit die Erde ist, um Wohnstätten einzunehmen, die ihm nicht gehören. Grausam und schrecklich ist es; es gebietet und zwingt, wie es will. Seine Rosse sind schneller als die Panther und bissiger als die Wölfe der Steppe. Seine Reiter sprengen herbei. Seine Reiter kommen von ferne. Sie fliegen, wie die Adler eilen zum Fraß. Sie kommen allesamt, um Schaden zu tun; ihre Gesichter schauen nach vorn. Sie raffen Gefangene zusammen wie Sand. Sie spotten der Könige und verlachen die Fürsten. Alle Festungen sind ihnen ein Scherz; sie schütten Erde auf und erobern sie. Alsdann brausen sie dahin wie ein Sturm und jagen weiter; so machen sie ihre Kraft zu ihrem Gott (Hab 1,5-11).** Du siehst, wie sich das Dritte Reich entpuppte: grimmig und schnell, grausam und brutal, unbarmherzig und gnadenlos. Ich wiederhole noch einmal die Worte des Propheten Habakuk: *Denn siehe, ich will die Chaldäer erwecken, ein grimmiges und schnelles Volk, das hinziehen wird, so weit die Erde ist, um Wohnstätten einzunehmen, die ihm nicht gehören.* Und du siehst, was sich alles ereignete: Dieses Dritte Reich, die größte

Ausdehnung innerhalb Europas, erstreckte sich von Gibraltar bis Wladiwostok. Weder Karl der Große noch Napoleon noch sonst irgendein Politiker hat jemals erreicht, ein so großes Reich zu errichten! Hernach kam der Zerbruch! Gott sprach, dass dieses Volk Wohnstätten einnehmen würde, die ihm gar nicht gehören. Diese Chaldäer bzw. Assyrer werden vom Herrn selbst Erweckung erfahren! Sie nehmen Länderreihen in Besitz, die ihnen gar nicht zustehen. Und ich denke oft: „Was geht uns Libyen, Afghanistan oder der Irak an? Unser Schicksal wird nicht am Hindukusch, sondern in Berlin entschieden! Aber Nein! Wir schweifen in die Ferne!"

Der Herr verleiht uns hier ein eindeutiges und klares Wort: *„Grausam und schrecklich ist es; es gebietet und zwingt, wie es will."* Aus einer anderen Übersetzung geht hervor, was nachfolgend geschrieben steht: **<u>Schrecklich und furchtbar ist es; sein Recht und seine Hoheit macht es überall zum Gesetz (Hab 1,7 MENG).</u>** Die Deutschen sind Krieger innerhalb Europas. Sie tun, was sie wollen und setzen sich durch. Natürlich müssen wir auch auf Amerika sehen. Amerika ist nur „ein Ableger von Alt-Europa". Es ist ein Mischvolk, das sich aus den ausgewanderten Europäern zusammensetzt. Amerika ist keine eigenständige Nation, sondern ein Vielvölkerstaat, der seinen eigenen Platz erkämpft hat. Die Amerikaner erwarben das Land der indianischen Ureinwohner und nahmen deren Völker ein, wie das Wort des Herrn offenbart, was ihnen aber gar nicht zustand! Zuerst kaufte der weiße Mann den Indianern die Felle ab, um sie im Anschluss daran auszuplündern und deren Landsitz für sich zu erobern. Die Textpassage *„So machen sie ihre Kraft zu ihrem Gott"* bedeutet, dass sie Waffen, Kriegsausrüstung, ihre Gesinnung u. v. m. zu ihrem Gott machen, den sie für anbetungswürdig erachten und verehren.

Die Gesinnung der letzten Weltherrschaft wird als *„das Tier"* bezeichnet. Es ist eine Bestie, welche die Welt beeinflusst und versucht, sie zu erobern und in Besitz zu nehmen. Die Macht Satans geht hinter den Nationen her! Für mich persönlich war das Dritte Reich „die Generalprobe Satans". Alles begann großzügig und human.

Zuerst fand der Aufbau mit Offerten wie Suppenküche, Volkswagen, Volksempfänger u. a. statt, und kurze Zeit darauf brach das Böse hervor. Nachdem solches alles geschehen war, wandte sich Deutschland den jüdischen Landesinsassen zu, um die Judendebatte zu klären. Ein und dieselbe Thematik wird sich in der Endzeit ereignen, ob es einem nun passt oder nicht. Es ist diese Wiederauferstehung und Wieder-Auferweckung dieses alten Pergamon-Geistes. Hierzu eine kleine Geschichte: Vierzehn Tage nachdem die Mauer gefallen war – damals lebten wir nahe dem Brandenburger Tor – fand im Foyer des Pergamonmuseums ein Gastmahl mit Empfang namhafter Persönlichkeiten statt. Das dort servierte Gericht wurde „Auferstehungsmahl" bzw. „Resurrection" genannt. Das weist darauf hin, dass die „Auferstehung des Pergamon-Geistes" stattfand und dass dieser Geist lebt! Es geschieht genau das, was in der Bibel enthalten ist! Wenn du diese Geister rufst, wirst du sie nicht mehr los! Die Wiederherstellung Deutschlands! Die *„tödliche Wunde wurde heil"*. (Siehe Offb 13,3a) Das geschah blitzartig über Nacht, und die ganze Welt staunte darüber. Die tödliche Wunde (s. Off 13,12b), welche sich ohne Blutvergießen friedlich schließen sollte, war die Berliner Mauer! Das war die Teilung von Ost und West! Aus den Trümmern Europas auferstand ein neues Volk und eine neue Nation! Der Prophet teilt uns dazu das folgende Wort mit, das geschrieben steht, siehe hier: **Und es kam einer von den sieben Engeln, die die sieben Schalen hatten, redete mit mir und sprach: Komm, ich will dir zeigen das Gericht über die große Hure, die an vielen Wassern sitzt, mit der die Könige auf Erden Hurerei getrieben haben; und die auf Erden wohnen, sind betrunken geworden von dem Wein ihrer Hurerei. Und er brachte mich im Geist in die Wüste. Und ich sah eine Frau auf einem scharlachroten Tier sitzen, das war voll lästerlicher Namen und hatte sieben Häupter und zehn Hörner (Offb 17,1-3).** Den Wortlaut *„zehn Hörner"* kann man auch mit „zehn Kronen bzw. zehn Regierungen" übersetzen. Der Herr spricht, dass dieses wundersame Tier die Bewohner der Erde heimsuchen wird, wie nachfolgend geschrieben steht: **Und der Engel sprach zu mir: Warum wunderst du dich? Ich will dir sagen das Geheimnis der Frau und** des Tieres, das sie trägt und sieben Häupter und zehn Hörner hat (Offb 17,7). Der Herr offenbart durch Sein Wort dieses politische Europa, das über Nacht entstand. Im Jahr 1957 unterschrieben zehn Gründungsstaaten der Montanunion die sogenannten Römischen Verträge. Soll das alles ein Zufall sein? Europa wird von der sich selbst kreierten Einheitsreligion beherrscht werden. Die sieben Häupter stellen diese einzelnen Religionen dar. Ein Größenwahnsinniger tritt auf, der das Volk aufhetzen wird, wie es schon einmal Adolf Hitler tat. Dieser wird ihm an Macht und Einfluss gleichgestellt sein, Hetzkampagnen betreiben und sich selbst Befugnisse und Vollmachten ausstellen. Dieser Machthaber wird ein Auftreten und Benehmen aufweisen, das es niemals zuvor gab.

So spricht der Herr: **Das Tier, das du gesehen hast, ist gewesen und ist jetzt nicht und wird wieder aufsteigen aus dem Abgrund und in die Verdammnis fahren. Und es werden sich wundern, die auf Erden wohnen, deren Name nicht geschrieben steht im Buch des Lebens vom Anfang der Welt an, wenn sie das Tier sehen, dass es gewesen ist und jetzt nicht ist und wieder sein wird (Offb 17,8).** Hier sind die Wege der deutschen Geschichte verschlüsselt dargestellt. Das Tier *„wird wieder aufsteigen aus dem Abgrund"*. Es müsste eigentlich nicht *„Abgrund"*, sondern „Untergrund" heißen. Damit ist der Ort gemeint, an welchen sich die ganzen Nazis begaben, versteckten und verschanzten. Denn während der Geschichte der Bundesrepublik wurden so viele Nazis übernommen! Auch wenn sie entnazifiziert wurden, der Geist lebt weiter! Hier wird das sogenannte Heilige Römische Reich zum letzten Mal zur Macht gelangen! Im Buch der Offenbarung Kapitel 9 lesen wir, was nachfolgend geschrieben steht: **Hier ist Sinn, zu dem Weisheit gehört! Die sieben Häupter sind sieben Berge, auf denen die Frau sitzt, und es sind sieben Könige. Fünf sind gefallen, einer ist da, der andre ist noch nicht gekommen; und wenn er kommt, muss er eine kleine Zeit bleiben. Und das Tier, das gewesen ist und jetzt nicht ist, das ist der achte und ist einer von den sieben und fährt in die Verdammnis. Und die zehn Hörner, die du gesehen hast,**

das sind zehn Könige, die ihr Reich noch nicht empfangen haben; aber wie Könige werden sie für eine Stunde Macht empfangen zusammen mit dem Tier. Diese sind eines Sinnes und geben ihre Kraft und Macht dem Tier (Offb 17,9-13). Mit dem Begriff *„Frau"* ist die Kirche bzw. die religiös-fromme Gemeinde gemeint, die sieben Sakramente und was dir solches zu sagen hat – finde es heraus; ich überlasse es dir. Von den sieben Königen fielen vier. Einer existiert heute. Wenn wir die Geschichte Deutschlands studieren, erkennen wir, dass die Reformation Deutschland nicht besonders in Mitleidenschaft zog. Wir überlebten es. Nach dem Dreißigjährigen Krieg gab es immer wieder neue Aufbrüche. Ein Königreich nach dem anderen verging. Das Tier verabreicht den Königen seine Macht! Menschen sind dahingegeben, weil sie von Satan gesteuert und gelenkt sind. Doch dem Willen des Herrn muss stattgegeben werden! So wie die gottesfürchtigen Christen vom Heiligen Geist gesteuert werden, sind diese von Satan verführt. Es wird entsetzlich sein! Für den Staat Israel gilt das nun folgende Wort des Herrn: **Denn es wird dann eine große Bedrängnis sein, wie sie nicht gewesen ist vom Anfang der Welt bis jetzt und auch nicht wieder werden wird (Mt 24,21).** Es wird eine große Bedrängnis sein! Sogar die Fische im Meer werden zittern. Wie bereits erwähnt ist im Wort Gottes enthalten, dass diese vom Hause Jakobs schreien werden wie eine gebärende Frau. Im Buch der Offenbarung Kapitel 18 wird uns die nun folgende Schriftstelle bewusstgemacht, die geschrieben steht, siehe hier: **Denn von dem Zorneswein ihrer Hurerei haben alle Völker getrunken, und die Könige auf Erden haben mit ihr Hurerei getrieben, und die Kaufleute auf Erden sind reich geworden von ihrer großen Üppigkeit (Offb 18,3).** Diese Frau – also die Kirche bzw. die Religion – hat eine große, religiöse Macht vermittelt, wodurch die Völker vereinnahmt wurden. In erster Linie ist hier die Kirche gemeint, denn das Römische Reich existierte noch viele Jahrhunderte hindurch in der Katholischen Kirche und in der Justiz weiter! Ich fahre fort zu lesen, was im weiteren Verlauf geschrieben steht: **Ware aus Gold und Silber und Edelsteinen und Perlen und feinem Leinen und Purpur und Seide und Scharlach und allerlei wohlriechendem Holz und allerlei Gerät aus**

Elfenbein und allerlei Gerät aus kostbarstem Holz und Erz und Eisen und Marmor und Zimt und Balsam und Räucherwerk und Myrrhe und Weihrauch und Wein und Öl und feines Mehl und Weizen und Vieh und Schafe und Pferde und Wagen und Leiber und Seelen von Menschen (Offb 18,12f.). Diese Textpassage wird abgeschlossen mit den folgenden Worten: *„Leiber und Seelen von Menschen"*. Das gibt Aufschluss darüber, dass Handel mit Sachen und Personen wie z. B. Menschenhandel, Sklaverei, Seelenkult, Philosophie, Psychologie sowie viele andere mutmaßliche deutsche Erfindungen getrieben wird.

Ein weiteres Wort des Herrn, welches gemäß der Überlieferung aus der Heiligen Schrift offenbar wurde und nachfolgend niedergeschrieben ist, lautet: **Wehe Assur, der Rute meines Zorns und dem Stecken meines Grimms! (Jes 10,5)** Über Assur wird der Zorn natürlich auch auf die Juden übertragen. Der Herr äußert sich nicht etwa über die zehn Nationen, sondern über die eine einzige namens Assur, sprich Germanien, Germania, die Alemannen! Es sind die Deutschen, die hier eine Bedrohung darstellen werden! Wir schimpfen über unsere Bundeskanzlerin Frau Merkel, doch es wird nichts nützen, denn alles verläuft in eine bestimmte Richtung. Du kannst dagegen nichts tun. Und ich lese weiter, was nachfolgend geschrieben steht: **Ich sende ihn wider ein gottloses Volk und gebe ihm Befehl wider das Volk, dem ich zürne, dass er's beraube und ausplündere und es zertrete wie Dreck auf der Gasse. Aber er meint's nicht so, und sein Herz denkt nicht so, sondern sein Sinn steht danach, zu vertilgen und auszurotten nicht wenige Völker (Jes 10,6f.).** „Ich werde ihnen ein Volk senden, das noch gottloser ist", spricht der Herr. Sage mir nicht, dass Deutschland gottesfürchtig ist. Ich bin davon nicht überzeugt. „Die Deutschen sind »ein Werkzeug« in meinen Händen", spricht der Herr. Sie zertreten die Menschen *„wie Dreck auf der Gasse"*. „Sie gehen über Leichen" heißt das auf Deutsch gesagt. Nachdem die KZ-Aufseher die Juden ermordet hatten, sangen sie ihren Familie am Weihnachtsabend das Lied *„Stille Nacht, heilige Nacht"* vor und verteilten ihre Weihnachtsgeschenke. Das Naziregime brachte es tatsächlich fertig, ihren Angehörigen eine heilige Nacht vorzutäuschen! So paradox und widersprüchlich verhielten sie sich!

Der über dem deutschen Volk stehende Führer, wer auch immer das sein mag, denkt wie ein Tier. Zwar lesen wir die Worte *„Aber er meint's nicht so, und sein Herz denkt nicht so"*, aber es ist so. Er denkt, dass er etwas Gutes tut und sich für Frieden und Sicherheit engagiert, aber genau das Gegenteil ist der Fall! Wir lasen die Textpassage *„sondern sein Sinn steht danach, zu vertilgen und auszurotten nicht wenige Völker"*. Der tendenziellen Entwicklung zufolge ist da der Westen mit Amerika als Ableger Alt-Europas inbegriffen! Es sind Iren, Deutsche, Franzosen, Engländer und Personen, die auswanderten aufgrund ihrer Not. Der Prophet Habakuk äußert über den Arabischen Frühling, dass Gott etwas anderes im Sinn hat. Man denkt, dass viele Nationen um des lieben Friedens willen dahingerafft und zerstört werden. Die wahren Hintergründe sind geopolitischer Art. Es geht um nichts anderes als um das Öl! Assyrien war „die größte Kriegsmaschinerie" in der Menschheitsgeschichte! Alles, was man kannte und wusste, war dort zentriert. Das war ein gefährliches Unterfangen! Deshalb schickte der Herr den Propheten Jona nach Ninive! Denn dort waren die grausamsten und brutalsten Menschen! Doch letztendlich, gemäß dem Zeitgeschehen, taten sie „Buße in Sack und Asche". (Siehe Jon 3,5) Jona konnte es nicht verstehen und fragte: „Herr, wieso begnadigst Du dieses Gesindel? Warum erbarmst Du Dich ihrer?", und er haderte mit seinem Gott (s. Jon 4,1-3). Vielleicht haderst auch du mit deinem Gott, wenn du siehst, was in Europa, vor allem mit Deutschland, geschieht.

„Deutschland in der biblischen Prophetie" lautet mein heutiges Thema. Viele der Prophezeiungen Daniels erfüllten sich bereits: die vier Weltreiche, das Standbild, die zehn Zehen. Einiges ist noch unerfüllt, doch hier lese ich Worte wie: Doch der Herr wird ihnen am Ende die Königsherrschaft geben (vgl. Dan 8,23). Gemeint sind damit diese zehn Zehen, aber vor allem auch dieses Horn, welches er sich selbst ausreißt, bis er sich dann aufmacht. Ja, ein endzeitliches, römisches Reich! Der Herr handelt immer erst, wenn das Maß voll ist, sei es im Guten wie im Schlechten. Es steht geschrieben: **Lasst beides miteinander wachsen bis zur Ernte (Mt 13,30a).** Für kurze Zeit werden Deutschland und die Europäische Union als Ergebnis der politischen Vereinigung Wachstum erleben. Alles wird wunderbar sein: Friede, Religionsverbundenheit, Einigkeit, „ein religiöser Eintopf", so wie Volkswagen, Volksempfänger, gutes Leben, Arbeit u. a., doch danach wird die Zerstörung stattfinden! Man wird sich gegen Israel wenden und sagen: „Wollt ihr denn nicht kapieren? Wendet euch gegen die Palästinenser! Das Land wird aufgeteilt!, notfalls mit Gewalt!" Das alles kann passieren, doch es fand noch nicht statt.

Die Macht des Antichristen und des falschen Propheten wird stark sein, wie nachfolgend geschrieben steht: **Der wird mächtig sein und ungeheures Unheil anrichten, und es wird ihm gelingen, was er tut. Er wird die Starken vernichten. Und gegen das heilige Volk richtet sich sein Sinnen, und es wird ihm durch Betrug gelingen, und er wird überheblich werden, und unerwartet wird er viele verderben und wird sich auflehnen gegen den Fürsten aller Fürsten; aber er wird zerbrochen werden ohne Zutun von Menschenhand (Dan 8,24f).** Das bestätigt, dass er sogar das Volk der Heiligen ins Verderben stürzen wird! Es stimmt zwar, dass die Macht des Antichristen und die des falschen Propheten stark sein wird, aber nicht aus sich selbst heraus. Neben Deutschland gibt es neun andere Nationen im Bündnis. Von diesen anderen wird er die Macht übertragen bekommen. Mit dem Wort „anderen" ist natürlich Satan gemeint!, das proklamiere ich hier ganz frei heraus. Es werden zehn Gruppen von Nationen sein. Aus dem Wort Gottes geht hervor, dass sie ein hartes Gesicht haben und keine Gnade kennen. Der Antichrist wird ein entsetzliches Massaker anrichten!

Bedenke, was in Jugoslawien damals passierte, als J. B. Tito dort noch der Machthaber war. Dort besuchte ich des Öfteren meine Brüder und Schwestern.

Nachdem die Teilung des Landes stattgefunden hatte, war die Bevölkerung nicht glücklicher, gesegneter oder friedvoller. Denke nur an den Arabischen Frühling und dessen Konsequenzen. Es kann passieren, dass wir in den Besitz von Atomwaffen kommen! Die amerikanischen Atomwaffen sind ja schon in Deutschland stationiert! Und ein Friedensvertrag existiert bis heute noch nicht, sondern nur ein oktroyiertes Grundgesetz, da man vor vielen Jahren dem deutschen Volk mitteilte, dass es nicht eigenständig entscheiden könne. Genau genommen sind wir heute eigentlich immer noch ein besetztes Land! Von Deutschland aus werden die Drohnen nach Afghanistan und wohin auch sonst noch gesteuert! Deutschland spielt eine ganz entscheidende Rolle im endzeitlichen Geschehen! Doch ich habe eine gute Botschaft: in den ganzen Krisen und in dem ganzen Wirrwarr verhieß Gott Seinem Volk Schutz!

Als ich damals nach Berlin kam und mir die Schriftstelle „von Satans Thron in Berlin" bewusst wurde, gab der Herr mir ganz persönlich ein Wort, das ich hier vorlesen möchte. Er sprach zu mir, was nachfolgend geschrieben steht: <u>Ich kenne deine Werke. Siehe, ich habe vor dir eine Tür aufgetan, die niemand zuschließen kann; denn **du hast eine kleine Kraft und hast mein Wort bewahrt und hast meinen Namen nicht verleugnet (Offb 3,8).**</u> Und auch: **<u>Weil du mein Wort von der Geduld bewahrt hast, will auch ich dich bewahren vor der Stunde der Versuchung, die kommen wird über den ganzen Weltkreis, zu versuchen, die auf Erden wohnen (Offb 3,10).</u>** Ich fürchte mich nicht, weil ich weiß, dass mein Leben in der Hand Gottes ist! Ich lebe nicht für das Diesseits, sondern für das Jenseits! Mir ist egal, was nacheinander stattfindet! *„Meine Heimat ist dort in der Höh'."* Wir stehen unter dem Schutz des Herrn. Über den Antichristen wird uns mitgeteilt, dass er ein entsetzliches Massaker anrichten wird und alle seine Unternehmungen gelingen werden. Er wird starke Verderben anrichten, dass nicht einmal das Volk der Heiligen verschont bleiben wird! Stell dir das einmal vor! Er vernichtet nicht nur die Israeliten, sondern auch die Gläubigen! Doch fürchte dich nicht! Gott ist König! Er ist Herr! *„Jedes Knie muss sich beugen, jede Zunge muss bekennen, dass Jesus ist der Herr."*

Halleluja! (Siehe Phil 2,10f.) Weder die Assyrer noch die Chaldäer – und ich führe aus: noch die Amerikaner, Russen oder Chinesen – können mein Leben „aus der Hand Gottes" reißen! Der Antichrist, so wird offenbar, wird seine Pläne verwirklichen und viele ins Verderben stürzen. Warte ab, was für Veränderungen da noch stattfinden werden, besonders hier bei uns! Krisen wegen all der Handelsabkommen und wegen des Atomvertrags mit dem Iran, des G6-Gipfels anstelle des vormals vereinbarten G7-Gipfels werden stattfinden. Die EU bröckelt immer mehr auseinander. „Sie werden uneins sein" steht in der Heiligen Schrift. Was willst du mehr?

„Warum erlaubt der Herr, dass dieses schreckliche Wesen, das Tier, emporkommt und alles vernichtet? Der Herr liebt doch Seine Geschöpfe, die Menschen!", wirst du dich vielleicht fragen. Ja, Er liebt sie! Doch Er kommt, um das Volk zu bestrafen, das gottlos ist. Das findet statt durch ein Volk, welches noch gottloser ist als jenes. Der Herr spricht: „Nebukadnezar ist mein Knecht". (Siehe Jer 25,9a) Kannst du dir das vorstellen? Über den, der veranlasste in Jerusalem den Tempel zu zerstören, spricht der Herr: „Er ist mein Diener". Warum muss Gott das tun? Der Prophet Hesekiel spricht die folgenden Worte aus, die geschrieben stehen, siehe hier: **Mache Ketten, denn das Land ist ganz mit Blutschuld erfüllt, und die Stadt ist voller Frevel! (Hes 7,23)** Weißt du, Gott ist im Begriff, an den derzeitig lebenden Israeliten das Strafgericht zu vollziehen. Bedenkt, was die Israeliten mit den Palästinensern tun! Das teile ich euch in aller Liebe mit. Ich war selbst einmal mit einer Reisegruppe nahe der Wüste Negev und sah, wie sich die Palästinenser als Gefangene in der sengenden Sonne hinter Stacheldraht aufhielten. Wir machten ein paar Aufnahmen, worauf uns aber sofort die Polizei befahl, die Filme zu entnehmen bzw. die Aufnahmen zu löschen. Hätte ich nicht mit eigenen Augen gesehen, dass die im Lande – im Gazastreifen sowie allerorts – verweilenden Palästinenser wie in einem Ghetto gleich Auschwitz gefangengehalten werden, außer, dass sie vergast werden, hätte ich es nicht geglaubt! Das ist Blutschuld! Das, was Adolf Hitler an ihnen vollzog, vollziehen sie nun selbst an anderen! Beobachte, was Gott tun wird! So spricht der Herr: **<u>So will ich die Schlimmsten unter den Völkern herbringen; die sollen ihre Häuser einnehmen. Und ich will der Hoffart der Gewaltigen ein Ende machen, und entheiligt werden ihre Heiligtümer (Hes 7,24).</u>** Wenn die schlimmsten aller Heidenvölker an die Macht kommen werden, dann – weißt du, im Moment ist noch alles friedlich – muss plötzlich eine blutrünstige Person wie Adolf Hitler, Josef Stalin oder Mao Zedong erweckt werden. Plötzlich bricht der Satan durch.

Das Wort des Herrn, welches gemäß der Überlieferung aus der Heiligen Schrift offenbar wurde und nachfolgend niedergeschrieben steht, lautet: **<u>Zur Zeit des Endes aber wird sich der König des Südens mit ihm messen, und der König des Nordens wird mit Wagen, Reitern und vielen Schiffen gegen ihn anstürmen und wird in die Länder einfallen und sie überschwemmen und überfluten (Dan 11,40).</u>** Dann wird der Ruf erschallen: „Wir schaffen die Kontrolle!, wir machen die Gesetze!, wir schaffen Frieden ohne Waffen!" Doch Nein! Das Land wird dann leiden und elend sein! Studiere die Bibel aufmerksam! Darin steht, dass *„der König des Nordens"* in das herrliche Land einfallen und Jerusalem samt dem verheißenen Land in Beschlag nehmen wird. Dieses Land wird ausgerottet werden!, wie auch immer das geschieht. *„Der König des Nordens"* ist so gut wie bereit, diesen globalen Vorgang auszulösen! Wer es auch immer ist. Ich lasse es einmal dahingestellt sein. Es geht immer um Öl! Es geht immer um Materialismus! Es geht immer um Übergangsrechte! Das Öl und die Kontrolle über Jerusalem werden zum Krieg führen. Wassermangel wird außerdem ein ernstzunehmender Faktor sein. In der Zukunft werden die Menschen um reines, schadstofffreies und mineralienhaltiges Wasser kämpfen.

Der Herr wird Assyrien genau so bestrafen, wie Er Israel sowie die Kirche, diese *„Hure Babylon"* bestrafen wird. Er hält Gericht und spricht: *„Die Rache ist mein"*.

All diese Endzeitprophezeiungen weisen eindeutig auf das eine Ergebnis hin, dass es eine Zerstörung geben wird! Das wird schrecklich sein! Es steht geschrieben: **Schrecklich ist's, in die Hände des lebendigen Gottes zu fallen (Hebr 10,31).** Wir sollten beten, dass diese Flucht nicht geschehe im Winter, an einem Feiertag oder am Sabbat (s. Mt 24,20). Diese deutsche Kriegsmaschinerie wird alles zermalmen! Hernach werden „asiatische Horden" freigesetzt! Ja, 200.000.000!, wie geschrieben steht, siehe hier: **Und die Zahl des reitenden Heeres war zwanzigtausendmal zehntausend; ich hörte ihre Zahl (Offb 9,16).** Woher diese Krieger kommen, ist nicht ganz klar; das könnten die Moslems sein. Wenn nur ein Verrückter – so wie es bei dem Vorfall in den sechziger Jahren war – auf dem Tempelberg, dem heiligen Platz der Moslems und Juden, eine Bombe zündet und die Al-Aksa-Moschee *(s. al-Aqsa-Moschee)* in die Luft sprengt, würde kurzum der Dritte Weltkrieg ausgelöst werden! So schnell geht das! Denn das ist ein Heiligtum! Zweihundert Millionen Moslems, die dort in der Nähe etabliert sind, würden somit die ganze Welt in Aufruhr bringen! Dann ist die Welt verrückt. Für mich ist eindeutig klar: kritische Stunden stehen bevor!

„Deutschland erwache! Seine Millionen sinken hinab in die dunkle Nacht!" Dieses Lied sangen wir früher. Ja, Christen erwacht! Wir sind hier gefordert! Wir müssen alles daran setzen, dass wir nicht mit schlafen!, dass wir nicht überrascht werden. Denn es geschieht in einer Stunde, da keiner glaubt, plötzlich, dann, wenn alle Worte sagen wie: „Friede, Friede, keine Gefahr!" Dann ist plötzlich das Verderben da! Das Wort des Herrn, welches gemäß der Überlieferung aus der Heiligen Schrift offenbar wurde und nachfolgend niedergeschrieben ist, lautet: **Von den Zeiten aber und Stunden, Brüder und Schwestern, ist es nicht nötig, euch zu schreiben; denn ihr selbst wisst genau, dass der Tag des Herrn kommt wie ein Dieb in der Nacht. Wenn sie sagen: »Friede und Sicherheit«, dann überfällt sie schnell das Verderben wie die Wehen eine schwangere Frau, und sie werden nicht entrinnen (1 Thess 5,1-3).** Die Politiker wissen, dass wir auf den Weg dorthin sind, denn sie

haben ihre Wahrsager, Rabbiner, Priester und Propheten. Alle wissen, dass sie es nicht verhindern können. Sie lassen sich auf okkulte Mächte ein. Wenn es ihnen ihre Wahrsager, Rabbiner, Priester und Propheten nicht sagen, werden sie durch ihre Computer informiert bezüglich der Endzeitgeschehnisse, je nach dem, mit wem sie in Verbindung stehen. Der Herr muss Frieden, Ruhe und „die Kraft in uns" schenken, damit wir nicht entsetzt sind, wenn es dann soweit ist! Eines ist dann jedenfalls sicher: Einige wird es geben, die dann sagen werden: „Pastor Matutis hat uns diese Botschaft gepredigt. Er verkündigte es!" Sensible Menschen spüren, dass etwas im Argen ist. Dazu sollten die Gotteskinder gehören, denn sie haben ja den Heiligen Geist. Wir sollten wieder sensibel werden und erkennen, dass da etwas passiert. Es steht geschrieben: **<u>Denn wir haben nicht mit Fleisch und Blut zu kämpfen, sondern mit Mächtigen und Gewaltigen, mit den Herren der Welt, die über diese Finsternis herrschen, mit den bösen Geistern unter dem Himmel (Eph 6,12).</u>** Der Text lautet: *„unter dem Himmel",* also nicht in Berlin, Moskau, Paris oder London.

Christen, wacht auf und merkt, was um uns herum los ist! Die Welt ist in Bewegung. Es „brodelt und gärt". Du musst erlauben, dass Unkraut und Kraut zusammenwächst (s. Mt 13,30a). Christen haben ein Problem. Sie können die Welt nicht verändern, denn das, was sie sagen, tun sie nicht. Deshalb sind sie so machtlos und unfähig! Sie sagen zwar viel, wollen und wünschen sich viel, aber sie tun es nicht. Deshalb steht geschrieben: **<u>Seid aber Täter des Worts und nicht Hörer allein (Jak 1,22a).</u>**

Die nächsten Tage werde ich über Syrien predigen *(s. Predigt: „Syrien in der biblischen Prophetie" vom 09.06.2018).* Dieses Land ist nicht weit von unserem Land entfernt. Es gibt immens große biblische Prophezeiungen über Syrien! Am Sonntag habe ich auch eine gute Botschaft für euch *(s. Predigt: „Du stehst vor deiner Erlösung" vom 10.06.2018).* Es ist möglich, dass schon heute Abend die Posaune Gottes erschallt. Und höre zu, denn ich kann dir bis auf die Sekunde genau sagen, wann Jesus wiederkommt. Beim Ton der letzten Posaune. Doch kein Mensch weiß, wann das ist. Inzwischen posaunten bereits mehrere Engel und gossen ihre „Zornschalen" aus. Die Welt ist vorbereitet! Auf was warten wir da noch? Und dann ist noch im Buch der Offenbarung Kapitel 13 das folgende Wort enthalten, welches geschrieben steht, siehe hier: **Hier ist die Weisheit! Wer das Verständnis hat, der berechne die Zahl des Tieres, denn es ist die Zahl eines Menschen, und seine Zahl ist 666 (Offb 13,18 SLT).** Hier geht es also um die Computertechnik und um Kybernetik. Wer diese Zahl nicht hat, kann weder kaufen noch verkaufen, wie aus dem Wort Gottes hervorgeht und nachfolgend niedergeschrieben steht: **Und dass niemand kaufen oder verkaufen kann als nur der, welcher das Malzeichen hat oder den Namen des Tieres oder die Zahl seines Namens (Offb 13,17 SLT).**

Da sind wir mittendrin! Die westliche Welt ist es auf jeden Fall. Du siehst ja, wie die Leute mit Smartphone umhergehen, überwacht und kontrolliert werden. Deutschlandchristen erwacht! Wir wollen nicht so wie die Schar von Millionen mitgerissen werden und hinabsinken in die dunkle Nacht! Wir dürfen dem Herrn vertrauen! Er wird die Seinen bewahren! Gemäß dem Buch der Offenbarung wird es eine Zufluchtsstätte für das Volk Gottes geben! Sie werden entrückt, wenn es am dunkelsten, am schlimmsten und am finstersten wird. Der Herr wird die Seinen abholen. Die Frage ist: *„Wer zieht als Sieger durchs Perlentor ein? Wirst du es sein? Werde ich es sein?"* Es liegt weder am Pastor noch an der Gemeinde noch an irgendeiner Organisation, sondern an jedem selbst! Jeder ist für sich selbst verantwortlich! Eine Schwester fragte mich, was die Schriftstelle zu bedeuten habe, die geschrieben steht, siehe hier: **Schaffet, dass ihr selig werdet, mit Furcht und Zittern (Phil 2,12b).** Darauf antwortete ich ihr: „Es muss uns richtig brennen! Es muss uns ein Anliegen sein. Unsere Bekehrung soll nicht aus Furcht vor dem Antichristen stattfinden, sondern aus Liebe zu Gott: „Herr, ich will dabei sein!" *„Wenn der Herr die Seinen rufet, durch die Gnade meines Heilands bin ich dort."* Preis dem Herrn!

Gebet: Vater im Himmel, ich danke Dir, dass Du uns hilfst in den kritischen Stunden, da die Welt am Ende ist. Und irgendwann ist „die Welt" zu Ende! Und irgendwann ist unser Leben zu Ende, was das auch immer heißt, das sei jetzt einmal vollkommen egal. Herr Jesus, eines weiß ich ganz genau: Mein Leben ruht „in Deinen Händen". Du wirst uns erlösen und erretten. *Denn Dein ist das Reich und die Kraft und die Herrlichkeit in Ewigkeit. Amen.*

HINWEISE zur QUELLENANGABE

Die von mir verwendete Literatur:

Lange Bibelwerk, 1873 Leipzig. Die Schriften des Alten und Neuen Testaments erklärt und übersetzt für die Gegenwart. 1925 Göttingen, Vandenhoeck & Ruprecht. Außerdem Otto von Gerlach, Altes und Neues Testament (Anmerkungen) 1893 Leipzig (J. E. Heinrichs'sche Buchhandlung) und mein eigenes Archiv.

ANMERKUNG

Die meisten Schriftstellen sind der Martin-Luther-Bibel entnommen, nur einige wenige nicht. Beachten Sie dazu bitte die nachfolgenden weiterführenden Hinweise.

Vergleichbare in diesem Buch aufgeführte Übersetzungen sind:

SLT   Schlachter 2000

NeÜ   Neue evangelische Übersetzung

EU   Einheitsübersetzung 2016

NLB   Neues Leben Bibel

GNB   Gute Nachricht Bibel 2018

MENG   Menge Bibel

Weitere Einblicke:

Gemeindebibelschule

Band 1

ISBN-13: 978-3-8416-0122-3

Seitenzahl: 332

Herausgabe: 07.10.2011

Band 2

ISBN-13: 978-613-8-37838-9

Seitenzahl: 312

Herausgabe: 15.05.2024

Predigtsammlung

Band 1

ISBN-13: 978-613-8-35336-2

Seitenzahl: 96

Herausgabe: 09.03.2023

Band 2

ISBN-13: 978-613-8-37845-7

Seitenzahl: 108

Herausgabe: 25.06.2024

Printed by Books on Demand GmbH, Norderstedt / Germany